LA VOIE DE L'AMOUR

Évolution en couple
et
yoga de la dévotion

Pierre Lassalle

Données de catalogage avant publication (Canada)

Lassalle, Pierre

La voie de l'amour

(Collection L'Air du Verseau)

ISBN 2-89074-473-6

1. Amour. 2. Réalisation de soi. 3. Chakras 4. Amour - Aspect religieux. 5. Connaissance de soi. I. Titre. II. Collection.

BF1275.S44L389 1993   152.4'1   C93-097375-5

Édition
Les Éditions de Mortagne
250, boul. Industriel, bureau 100
Boucherville (Québec)
J4B 2X4

Diffusion
Tél.: (514) 641-2387
Téléc.: (514) 655-6092

Tous droits réservés
Les Éditions de Mortagne
© Copyright Ottawa 1993

Dépôt légal
Bibliothèque nationale du Canada
Bibliothèque nationale du Québec
Bibliothèque Nationale - Paris
4e trimestre 1993

ISBN: 2-89074-473-6

1 2 3 4 5 - 93 - 97 96 95 94 93

Imprimé au Canada

*Je dédie cet ouvrage
au Seigneur KRISHNA,
qui est aujourd'hui le Mahavatar BABAJI,
avec toute ma gratitude.*

*Aux grandes amoureuses que je connais,
avec tout mon amour.*

Table des matières

Introduction 11
Première partie: L'ÉVOLUTION EN COUPLE 15
Chapitre 1:   Notions ésotériques sur les chakras 21
Chapitre 2:   Miroir, mon beau miroir! 29
Chapitre 3:   Le pardon et le détachement 43
Chapitre 4:   Tout se joue en trois ans! 81
Chapitre 5:   L'ouverture du cœur 101
Chapitre 6:   Exercices pour le chakra du cœur 123
Chapitre 7:   Sexualité sacrée et Tantra 133
Chapitre 8:   Recyclez votre énergie sexuelle 151
Chapitre 9:   L'amour méditation 171
Deuxième partie: LE YOGA DE LA DÉVOTION 183
Chapitre 1:   La Révélation 187
Chapitre 2:   De la «petite famille»... à la «commune» . . . 197
Chapitre 3:   L'ultime relation 203
Chapitre 4:   Krishna et la dévotion 215
Chapitre 5:   Le Yoga de la dévotion 225
Chapitre 6:   La dévotion, aujourd'hui, en Occident 235

INTRODUCTION

L'Amour. Tout le monde en parle. Tout le monde souhaite le vivre ou se vante de l'avoir vécu. Il existe des milliers de romans ou de films sur le sujet, et toutes sortes d'études et de thèses plus ou moins psychologiques sur la manière dont l'homme et la femme d'aujourd'hui vivent l'Amour.

Que puis-je dire de plus? Que puis-je apporter de plus sur un sujet que tout le monde connaît «par cœur»? Dois-je profiter de cet ouvrage pour vous communiquer ma recette du «grand amour» puisque je l'ai vécu, plutôt deux fois qu'une d'ailleurs!?

Vous savez, la façon américaine, dans le style «Comment rencontrer l'âme sœur en 10 leçons et vivre le bonheur total auquel vous avez droit», je peux le faire!

Comment ça? il peut le faire!... Eh bien, non, je ne le ferai pas.

Comment se fait-il que l'être humain soit si mal dans sa peau et qu'il se plaigne de ce monde sans amour? Comment se fait-il qu'il ne puisse vivre de relation épanouissante et évolutive? Comment cela est-il possible alors qu'il existe tant de livres sur le sujet, écrits par des psychologues qui ont tout compris?

À moins qu'une dimension de l'amour ne leur ait échappé. Mais laquelle? La dimension spirituelle de l'amour.

Ceux d'entre vous qui ont lu mes précédents ouvrages, savent que le spirituel est mon domaine de prédilection.

N'ayons pas peur des mots. Je me suis incarné pour transmettre une voie spirituelle ou, si vous préférez, pour montrer que la vie, ce n'est pas seulement ce que l'on en fait à l'extérieur, dans le monde matériel, mais c'est également ce que l'on est à l'intérieur de soi.

Retenez ceci:

> **C'est à l'intérieur de soi que l'on rencontre
> le véritable amour, le «grand», le pur, l'extatique.**

Cet ouvrage s'adresse aux grandes amoureuses et aux grands amoureux, dont je suis, pour qui l'amour n'est pas seulement ce tendre sentiment que l'on éprouve au contact de l'élu de son cœur, mais un feu intérieur qui vous embrase et vous pousse à vivre intensément, à aimer la vie et l'Univers, à tout remettre en question pour que vous puissiez vous transformer afin de rejoindre votre âme et de servir l'humanité.

Cet amour-là se nomme également *aspiration*. C'est celui qui naît au plus profond de notre cœur et que l'on sent émaner de l'intérieur comme une source d'amour infini qui se répand sur tout être et toute chose. Cette dimension de l'amour, qui est bien plus vaste que l'amour égoïste de la relation à deux, fait de l'être humain un être divin capable de compassion et d'amour inconditionnel.

Ce livre est un manuel de l'amour véritable. Il a été écrit par un fou de Dieu et de l'amour, un homme qui n'a jamais voulu limiter l'amour à un seul être mais qui souhaite en laisser couler la source afin que ceux dont le cœur n'est pas encore ouvert puissent venir s'y désaltérer et comprendre qu'ils ont les mêmes capacités.

À condition de faire quelques efforts...

À condition de ne pas penser qu'à soi...

À condition de ne plus se contenter de rêver à l'amour mais de l'exprimer ici et maintenant.

Alors, l'être humain pourra rendre vivante la parole du Christ:

Aimez-vous comme je vous ai aimés.

Oui, aimez-vous et aimez autrui sans limite, sans blocage, sans rien attendre en retour. Ainsi, vous deviendrez des êtres humains adultes et épanouis, dotés d'une force intérieure de guérison nommée **amour**. Et je puis vous garantir que vous n'en manquerez plus jamais; car plus vous donnerez, et plus vous recevrez.

Dans le cadre de cet ouvrage, je souhaite aborder les principaux domaines reliés à l'amour et à la spiritualité. Je vous présenterai la manière d'évoluer spirituellement en couple, aujourd'hui en Occident. Je vous donnerai des techniques concrètes pour vivre la spiritualité et l'amour au quotidien. Je vous apprendrai à tirer des leçons de vos relations afin de vous préparer à la voie spirituelle et de vous mieux connaître. Je vous donnerai également des moyens de vivre votre sexualité d'une manière sacrée, en l'incorporant à votre pratique spirituelle, notamment sous son aspect d'énergie kundalini.

Je vous montrerai aussi les différents aspects du yoga de la dévotion, que j'ai abordé dans mon précédent livre, *Chercheur de Lumière*. J'irai même plus loin, en vous présentant la dévotion telle qu'elle était vécue dans le passé, en Orient, et telle que je l'enseigne à partir de la voie spirituelle que je transmets.

Enfin, cet ouvrage me permet de rendre hommage au seigneur Krishna, qui s'est incarné le 19 août 3128 avant J-C., vers minuit, dans le Nord de l'Inde, à l'aube du Kali-Yuga ou âge de fer. Cet Avatar total, parfaite incarnation du divin, venait de la Grande Loge de Sirius.

Dans des vies précédentes, j'ai eu l'occasion d'incarner son énergie. Encore aujourd'hui, mon énergie est bleue, comme celle de ce Grand Maître, incarné en tant que Mahavatar Babaji Nagaraj, et qui est l'un de mes Guides.

Comme le Christ, Krishna a apporté cette énergie «Kris», qui est celle du Fils et de la source d'amour située au plus profond de notre œur psychique.

À l'époque, il y a plus de cinq mille ans, Krishna avait beaucoup de disciples féminins, car il venait pour manifester la deuxième initiation majeure appelée le «baptême», qui est de nature yin ou féminine.

Aujourd'hui, la voie spirituelle attire une majorité de femmes, car il est nécessaire de rétablir l'équilibre dans notre société, qui est devenue trop yang ou masculine.

Le passage dans l'Ère du Verseau sera facilité par l'évolution des femmes qui, petit à petit, entraîneront les hommes à leur suite. Ce sera certainement une histoire d'amour, qui permettra la création d'une nouvelle race, la sixième, appelée ésotériquement la «race bleue». Mais j'aurai l'occasion de revenir plus loin sur tous ces sujets.

Pour terminer cette introduction, j'aimerais vous inviter à abandonner quelques illusions concernant l'amour et la relation de couple et à vous ouvrir à une plus grande conscience et à une plus grande lumière. Puisse ce modeste ouvrage vous aider à grandir et vous donner envie de répandre votre amour sur l'humanité.

L'Invitation

Que vous soyez riche ou pauvre,
Que vous soyez jeune ou vieux,
Que vous soyez beau ou laid,
JE VOUS INVITE...
Que vous soyez en couple ou seul,
Que vous soyez amoureux ou non,
Que vous soyez heureux ou malheureux,
JE VOUS INVITE...
Que vous soyez croyant ou athée,
Que vous soyez idéaliste ou fataliste,
Que vous soyez un aspirant ou non,
JE VOUS INVITE...
À OUVRIR VOTRE CŒUR,
À LAISSER COULER VOTRE SOURCE D'AMOUR,
À VOUS AIMER SANS LIMITE,
À DONNER À VOTRE PROCHAIN ET À L'AIMER,
À EXPRIMER VOTRE GRATITUDE À L'UNIVERS
POUR CE CADEAU QU'EST...
LE PARTAGE...

Qu'il en soit ainsi...
Dévotion

Première Partie
L'ÉVOLUTION EN COUPLE

De la relation à deux...
à la relation à Dieu

Dans cette première partie, j'aimerais aborder pour vous différents aspects de la relation à deux d'un point de vue spirituel.

Qu'est-ce que l'Amour avec un grand A? Quelle est l'utilité de la vie de couple? Sert-elle à autre chose qu'à faire des enfants et à se tenir mutuellement compagnie? La voie spirituelle est-elle compatible avec la vie de couple? Quelle est cette quête de l'âme sœur qui pousse les gens dans une course effrénée à la recherche de leur parfait complémentaire? Qu'est-ce que la sexualité? N'existe-t-elle que pour la procréation ou pour l'expérimentation du plaisir physique? Ne possède-t-elle aucune autre dimension? Et Dieu dans tout cela! Quel est son rôle? Est-il un troisième larron «de trop» dans la relation de couple? Comment peut-on intégrer une vie de couple épanouie à une voie spirituelle?

Bref, à quoi sert la vie de couple? Pourquoi sommes-nous sur cette planète? Et pour y faire quoi? Et qui va faire la vaisselle, ce soir?...

Ah, toutes ces questions métaphysiques!... que votre mental adore cela!... Alors, je vais essayer d'y répondre pour vous aider à retrouver le mode d'emploi de la vie. (Vous savez, ce «foutu» papier que vous avez perdu en vous incarnant, et sur lequel était noté tout ce que vous deviez faire dans cette vie!)

Bon, je vais essayer, mais c'est bien parce que c'est vous! Et puis, vous me prenez par le bon côté. J'adore les histoires d'amour. Vous aussi? Ça ne m'étonne pas. Vous savez, l'amour n'est pas fait pour les gens qui se cassent trop la tête. D'ailleurs, si je continue comme cela, je vais vite décourager mes lecteurs et on restera entre nous. Entre ceux qui aiment... Mais qui aiment quoi? Qui aiment l'amour de... Vous ne savez pas? Mais si, vous savez... L'amour, c'est divin.

Oui, je sais, vous cherchez l'amour à l'extérieur, chez une personne qui correspond à votre type d'homme ou de femme idéal. Oui, je sais, vous croyez encore que l'amour est extérieur à vous-même.

Dans les chapitres qui suivent, vous aurez l'occasion de vous rendre compte de votre erreur. Vous comprendrez que la relation à deux vous permet de sentir que vous avez l'Amour en vous. Et que la sexualité vous fait sentir cette puissante énergie qui dort en vous et que l'on appelle «kundalini» en ésotérisme.

Une relation réussie, c'est deux personnes qui ont senti l'amour en eux, qui l'expriment et qui éveillent pleinement leur énergie pour rejoindre leur âme.

Et alors, pour le plus grand bien de votre évolution, vous sentirez que l'amour est à l'intérieur de vous et que Dieu s'y trouve aussi.

Vous passerez alors...

De l'amour à deux à l'amour à Dieu!

C'est le seul, l'unique, le 100 % divin et extatique!...

Je suis conscient que cet ouvrage suscitera de nombreuses remises en question sur l'amour, le couple, la sexualité, et tout ce qui touche, de près ou de loin, à ces sujets. Loin de moi l'idée de vous perturber! Il s'agit simplement d'un enseignement ésotérique reposant sur les bases solides de la Sagesse multimillénaire des Maîtres illuminés qui m'ont précédé sur le Sentier spirituel.

Pour pouvoir vous transmettre cet enseignement sur l'amour, il m'a fallu l'expérimenter et le ressentir. Il est le résultat de ma propre expérience, dans cette vie et dans les précédentes. Il est en accord avec la science initiatique des Maîtres de sagesse et il bénéficie du fait qu'il est adapté à notre époque, à l'être humain occidental.

Je n'ai aucun but autre que le partage de ce que j'ai expérimenté et ressenti, c'est-à-dire de **ce que je suis,** une conscience existant éternellement dans la béatitude.

Recevez tout mon amour...

> Ô toi, l'amoureux de l'amour,
> tu te trompes de sens,
> car tu es trompé par tes sens.
> Fais demi-tour et rentre chez toi.
> Il n'y a rien à voir à l'extérieur
> car tout est à l'intérieur.
> L'amour t'attend
> au plus profond de ton cœur
> pour faire la fête.
> Viens au centre de toi-même
> pour célébrer la vie avec moi.
> Je suis là, dans ton cœur,
> pour te faire respirer
> le parfum des fleurs,
> pour te faire vibrer au son divin,
> pour t'enivrer du nectar de l'amour,
> pour t'envelopper de ma paix
> et t'immerger dans ma lumière.
>
> ...et alors surgit le «ressenti»
>
> Qu'il en soit ainsi.

Chapitre 1
Notions ésotériques sur les chakras

La bonne compréhension de cet ouvrage exige que vous ayez quelques notions d'ésotérisme.

La principale connaissance que vous devez acquérir concerne les chakras ou centres énergétiques de l'être humain. Il s'agit d'une connaissance multimillénaire, mais dont les approches peuvent être différentes d'un pays à l'autre.

Mon approche des chakras est le résultat de nombreuses années d'expérimentation et elle se base sur les connaissances ésotériques des sages de l'Inde antique.

Le mot «chakra» signifie «roue», en sanscrit. Un chakra est un centre d'énergie qui se situe dans l'aura éthérique de l'individu; invisible à l'œil nu, il n'est pas, à proprement parler, physique.

Le chakra est éthérique, c'est-à-dire qu'il est constitué d'une matière plus subtile que le corps physique, parce que vibrant plus rapidement que ce dernier au niveau atomique.

Les chakras sont des centres transformateurs et distributeurs des énergies cosmiques et telluriques. Si l'être humain ne disposait pas de chakras, il serait foudroyé par les diverses énergies qui le transpercent de part en part.

Les chakras transforment les diverses énergies qui entrent dans l'homme et ils les répartissent ensuite dans le corps physique par l'intermédiaire des glandes endocrines.

Les chakras peuvent être vus comme des roues ou des tourbillons d'énergie ayant la forme d'entonnoirs, qui tournent sur eux-mêmes dans le sens des aiguilles d'une montre. Ils sont munis de pales, comme un ventilateur, ou de pétales, comme une fleur, lesquelles, en tournant, leur donnent leur forme d'entonnoir (voir illustration, page 24).

Plus vous évoluez, plus vos chakras s'ouvrent et plus vous disposez d'énergie. C'est un long processus qui se poursuit durant votre progression sur la voie spirituelle, ou Sentier.

D'une manière générale, les trois chakras situés sous le diaphragme sont davantage reliés au monde matériel, alors que les quatre chakras situés au-dessus du diaphragme participent davantage au monde spirituel.

Il y a donc sept chakras majeurs qui régissent la vie et l'évolution des individus.

Je vous donne maintenant quelques indications sommaires concernant les sept chakras majeurs et leur localisation.

Les sept chakras majeurs

1er chakra: racine

— Il est situé au niveau du périnée (homme) ou du col de l'utérus (femme).

— Il capte l'énergie tellurique avec l'aide des chakras mineurs situés sous les pieds.

— Il est relié aux glandes surrénales.

— Il est en correspondance avec la note *do*, la couleur rouge, les signes du Capricorne et du Verseau, et les planètes Saturne, Gaïa et Pluton.

— Il est relié à l'élément Terre et au toucher.

— C'est le chakra de la sécurité, de la sexualité, des structures, de la concrétisation, de l'enracinement, de la capacité à se stabiliser et de l'énergie de feu appelée «kundalini».

— C'est le chakra de l'existence et des limitations.

2e chakra: sacré

— Il est situé au niveau du ventre, légèrement sous le nombril, entre la cinquième vertèbre lombaire et la première sacrée.

— Il est relié aux gonades: ovaires ou testicules.

— Il est en analogie avec la note *ré*, la couleur orange, les signes des Poissons et du Sagittaire, la Lune, les planètes Jupiter et Vulcain.

— Il est relié à l'élément Eau et au goût.

— C'est le chakra du passé, de la famille, de la procréation, de la mort, des émotions froides (comme la tristesse), de la sensualité, des plaisirs de la vie (nourriture, etc.) et du «ressenti» de l'aspect sacré de l'existence.

— C'est le chakra des relations et de la vie affective.

3e chakra: solaire

— Il est situé au niveau du plexus solaire, au creux de l'estomac, entre les première et deuxième vertèbres lombaires.

— Il est relié au pancréas en tant que glande, et à la rate.

— Il est en analogie avec la note *mi*, la couleur jaune, les signes du Bélier et du Scorpion, et les planètes Mars et Pluton.

— Il est relié à l'élément Feu et à la vue.

— C'est le chakra de l'affirmation de soi, de l'identité, de l'ego, du pouvoir personnel, des rapports de force, des émotions chaudes (comme la colère), du réservoir d'énergie et de la distribution de celle-ci dans le corps, de la capacité de transformation et de l'intellect.

— C'est le chakra de l'image de soi et du «Je Suis».

4e chakra: du cœur

— Il est situé au centre de la poitrine, entre les quatrième et cinquième vertèbres dorsales.

— Il est relié au thymus.

— Il est en analogie avec la note *fa*, la couleur verte, les signes du Taureau et de la Balance, et les planètes Vénus et Neptune.

— Il est relié à l'élément Air et à l'odorat.

— C'est le chakra de l'amour inconditionnel, de la paix, de la guérison, de l'intuition, de la beauté, des sentiments, des arts et de la réceptivité.

— C'est le chakra qui permet l'accès à l'âme, ou être psychique. C'est le chakra relié à l'aspect amour-sagesse ou Fils.

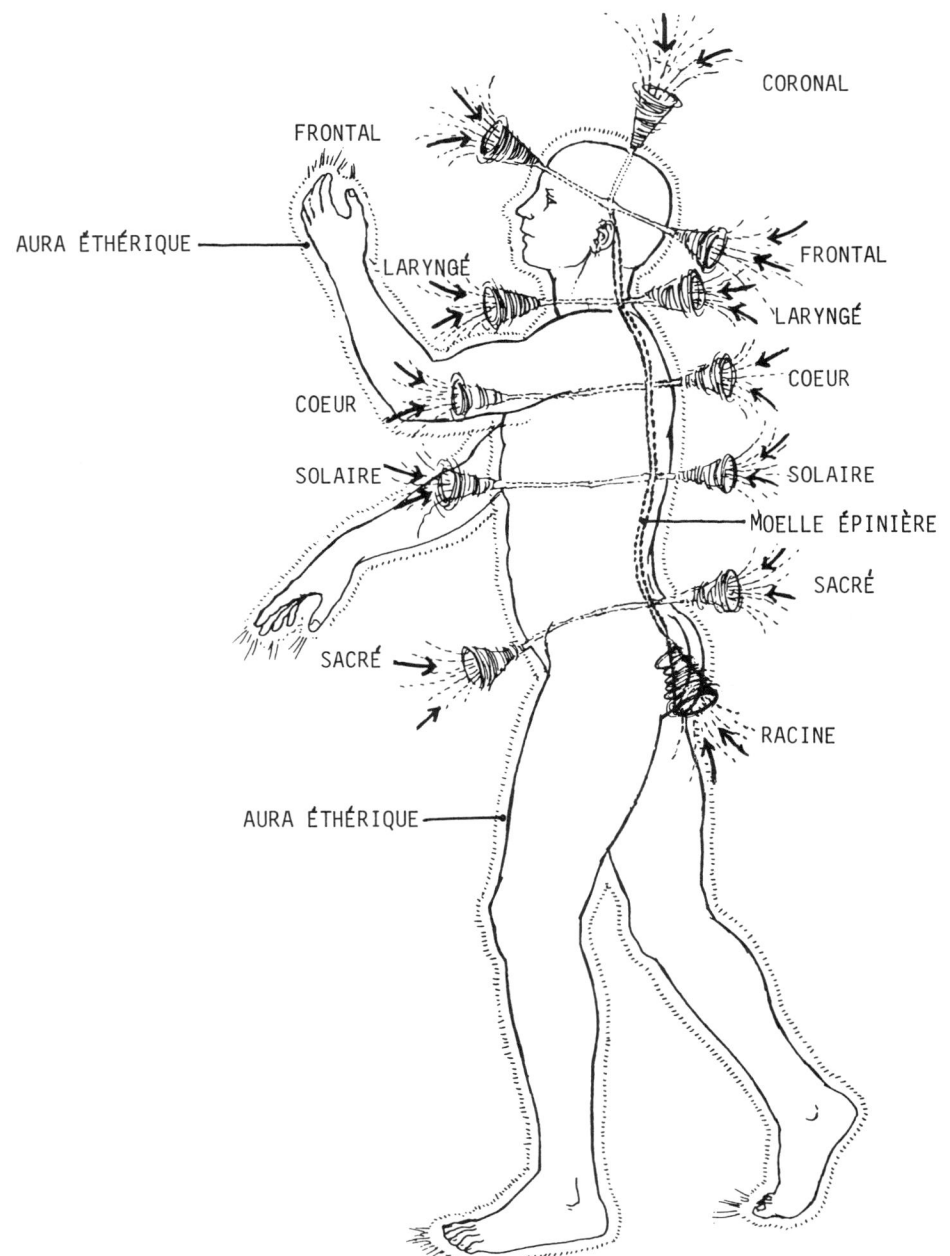

5ᵉ chakra: laryngé

— Il est situé au niveau de la gorge, entre les sixième et septième vertèbres cervicales.

— Il est relié à la thyroïde et, dans une certaine mesure, aux parathyroïdes.

— Il est en analogie avec la note *sol*, la couleur bleue, les signes des Gémeaux et de la Vierge, et les planètes Mercure et Uranus.

— Il est relié à l'élément Espace ou Éther, et à l'ouïe.

— C'est le chakra de la communication, de l'expression de soi, de la créativité, de la purification, de l'individualisation, de la guidance spirituelle, de la clairaudience, de l'abondance et du service.

— C'est le chakra qui est en relation avec le Verbe divin et avec l'aspect Saint-Esprit ou Intelligence créatrice (la Mère divine).

6ᵉ chakra: frontal

— Il est situé entre les sourcils.

— Il est relié à la pituitaire ou hypophyse.

— Il est en analogie avec la note *la*, la couleur indigo, les signes du Cancer et du Lion, et les astres Lune et Soleil ainsi que Neptune.

— Il est relié à l'élément Espace ou Éther, et à l'éternité.

— C'est le chakra de la connaissance de soi, de la volonté, de la visualisation, de la clairvoyance, de l'intuition, de la guérison, de la vision de la vie, du discernement, de l'imagination créatrice, de l'unité des pôles yin et yang.

— C'est le chakra relié à l'aspect Volonté divine ou Père céleste.

7ᵉ chakra: coronal

— Il est situé sur le dessus de la tête, au niveau de la fontanelle.

— Il reçoit les énergies cosmiques.

— Il est relié à la pinéale ou épiphyse.

— Il est en analogie avec la note *si* et la couleur violette. Aucun signe du zodiaque n'est en analogie avec le septième chakra, car il se trouve au-delà de la roue du zodiaque, ou des réincarnations, ce qui est la même chose.

— Il est relié à l'Élément Espace ou Éther, et à la lumière.

— C'est le chakra de la connaissance du Soi, de la vérité, des croyances, de la spiritualité, de la sagesse, de la voie spirituelle et de la fusion.

— C'est le chakra relié à l'aspect monadique, ou Dieu.

Un chakra déséquilibré déstabilise la personne dans les domaines qui lui sont reliés. Seul le travail sur soi fait avec beaucoup de patience, de courage et d'humilité, sous la direction spirituelle d'un Maître vivant, peut vous permettre de purifier et d'ouvrir vos sept chakras afin de développer votre plein potentiel dans les domaines matériel et spirituel.

Les chakras peuvent être perçus par clairvoyance ou par clairsentience (le «ressenti» au niveau des mains). Ils peuvent être étudiés à partir de certaines lectures psychiques.

Les sept chakras majeurs et les symboles du Nouvel Âge

Vous trouverez, à la page suivante, une illustration représentant Angela et les sept chakras majeurs avec leurs symboles du Nouvel-Âge, tels que nous les avons créés, Marie-Pascale et moi.

Habituellement, les chakras sont présentés avec leurs symboles orientaux et des mots en sanscrit. Nous avons préféré créer un symbolisme international, qui soit facilement mémorisable.

Voici donc les sept chakras avec leur symbolisme.

1er chakra: racine

Nous le représentons par notre Mère la Terre car c'est le chakra de l'enracinement et de l'incarnation (et de l'élément Terre). L'être humain oublie trop souvent que la Terre le porte et le nourrit; espérons que ce symbole l'aidera à se reconnecter à la Nature.

Notions ésotériques sur les chakras 27

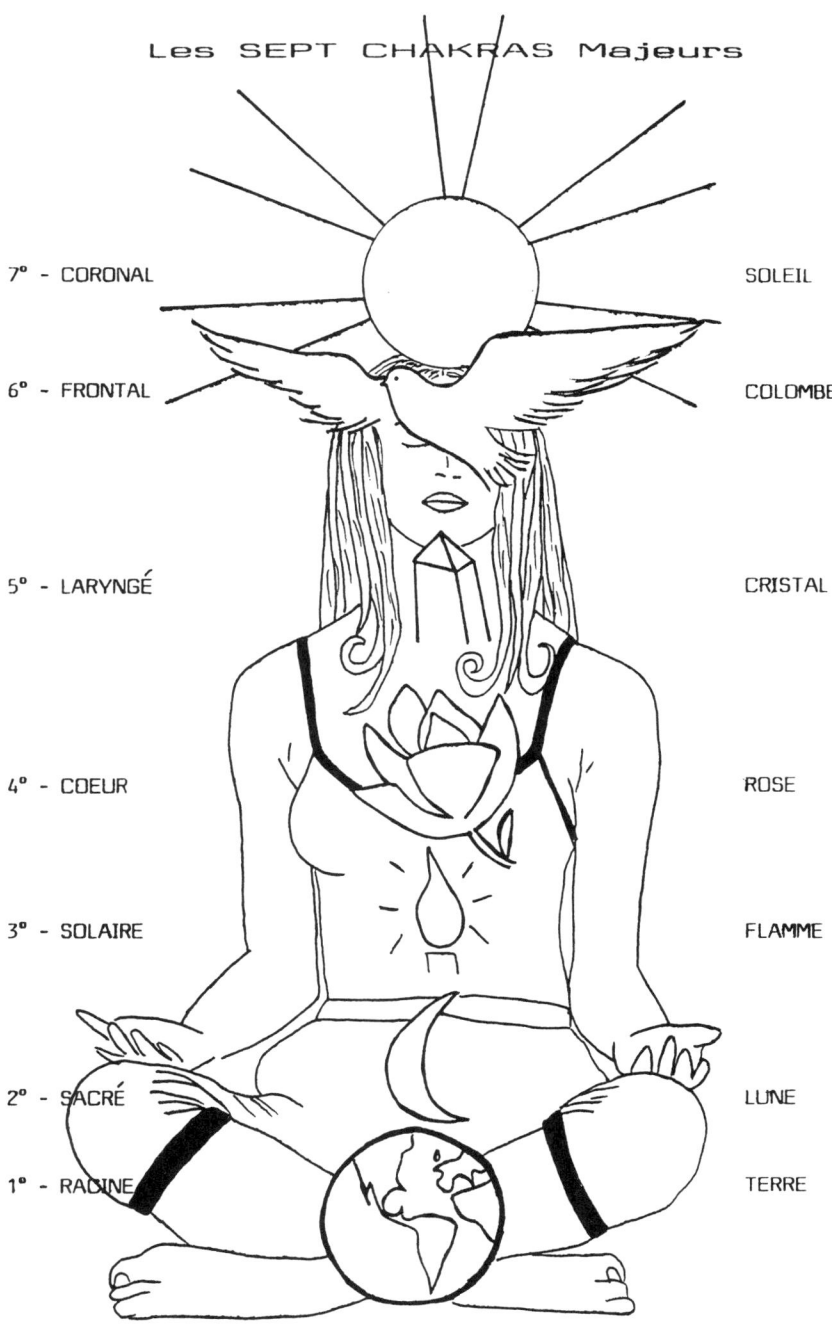

2ᵉ chakra: sacré

Nous avons choisi la Lune pour ce deuxième chakra, qui symbolise la procréation, le passé et l'élément Eau. La Lune souligne également l'aspect féminin ainsi que le côté magique et sacré de ce chakra.

3ᵉ chakra: solaire

Nous le représentons par la Flamme d'une bougie, car c'est le chakra de l'élément Feu, de l'énergie et de la vision. La flamme est aussi le symbole de la lumière qui doit être faite au niveau du mental.

4ᵉ chakra: du cœur

Nous avons choisi la Rose pour représenter le chakra de l'amour inconditionnel. Cette fleur symbolise également la réceptivité, le secret et le silence, qui sont des qualités du chakra du cœur.

5ᵉ chakra: laryngé

Nous avons choisi le Cristal pour le cinquième chakra, car il correspond à la purification et à la clarté dans l'expression de soi pour pouvoir devenir un canal pour l'Univers.

6ᵉ chakra: frontal

Nous le représentons par une Colombe. Cet oiseau, qui est un symbole de pureté, d'unité, de paix et d'Illumination (le Saint-Esprit, ou mental illuminé, qui descend sous la forme d'une colombe), permet de prendre de la hauteur et de développer son discernement.

7ᵉ chakra: coronal

Nous avons choisi le Soleil, qui est le parfait symbole de la Lumière et de la sagesse ainsi que de la voie spirituelle.

Nous espérons que ces symboles faciles à retenir vous aideront à vous familiariser avec l'étude des chakras et à en percer le fonctionnement, car cette étude permet de réunir l'Orient et l'Occident. Je souhaite de tout cœur œuvrer dans ce sens afin, qu'un jour, l'humanité retrouve son unité.

Chapitre 2
Miroir, mon beau miroir!

Toute relation peut être révélatrice de ce que l'on est et de la façon dont l'on fonctionne: c'est le phénomène «miroir». Ce principe est bien connu mais il très difficile de le mettre en pratique dans la vie quotidienne. Je vous en trace d'abord les grandes lignes.

- L'incarnation fonctionne sur la dualité: l'extérieur et l'intérieur.
- La réalité est à l'intérieur de nous: c'est notre âme.
- L'extérieur est un reflet, un moyen de se connaître, ou plutôt de se reconnaître.
- L'extérieur nous propose des expériences à partir desquelles nous devons tirer des leçons pour pouvoir évoluer. Ces leçons doivent être comprises de l'intérieur, puis intégrées.
- Prendre l'extérieur pour la réalité, c'est l'illusion.
- Nous devons agir selon ce que nous ressentons à l'intérieur. Ce mode d'action implique que si on se laisse guider par l'extérieur et par nos sens, on vit dans l'illusion.
- L'extérieur est un miroir qui nous montre comment nous fonctionnons. Encore faut-il comprendre l'image que l'extérieur nous renvoie. Lorsqu'une épreuve surgit dans notre vie, il faut être suffisamment adulte pour tenter de découvrir comment on a pu attirer cette épreuve afin de pouvoir en tirer une leçon et changer un comportement ou une croyance qui sont à l'origine de celle-ci. On ne doit pas

réagir de manière puérile, en pensant que ce qui nous arrive est la faute «des autres» ou «de la fatalité» et en s'apitoyant sur son sort sans se remettre en question. On se retrouve alors dans une situation idéale pour que les choses s'enveniment.

- L'extérieur nous «envoie» continuellement des messages, sous toutes sortes de formes, afin de nous aider à comprendre notre propre fonctionnement. La vie peut répondre à la question «Qui suis-je?» si nous sommes prêts à nous mettre à son écoute.

- Tout ce qui nous arrive, à tous les niveaux, de notre existence, est le reflet de ce que nous sommes intérieurement (et de notre niveau d'évolution).

- Tout ce qui nous arrive est le résultat de nos actes, de nos désirs et de nos croyances. C'est ce que l'on appelle, en Orient, le «karma». Nous sommes entièrement responsables de la situation dans laquelle nous nous trouvons aujourd'hui, car ce sont nos comportements, dans cette vie et dans les précédentes, qui nous ont amenés là.

- C'est notre vision limitée et notre mental fragmentaire qui nous empêchent de voir la réalité dans son ensemble. Nous ne percevons qu'un petit aspect d'une situation, qu'un infime maillon d'une suite d'enchaînements et d'actes, et c'est sur cette perception que nous basons notre jugement. Nous vivons donc forcément dans l'illusion puisque nous sommes incapable de percevoir une situation dans son ensemble.

- C'est notre croyance en la séparation qui fait de nous des êtres mutilés et aveugles. Elle nous empêche d'obtenir une continuité de conscience qui résoudrait tous nos problèmes. La continuité de conscience permet de relier ensemble tous les bouts du puzzle que constitue chaque événement. Lorsque quelque chose arrive, nous comprenons ce que cela signifie car nous relions cet événement à notre passé, dans cette vie et dans les précédentes, et nous percevons à quoi cela peut aboutir dans le futur, selon le comportement que nous adopterons. Évidemment, cette continuité de conscience n'est possible que pour l'Initié illuminé qui a réalisé le Soi, se reconnectant ainsi à la Source.

- Si l'être humain était un parfait miroir de l'Univers ou du monde spirituel, il aurait accès à la vérité et il ne se sentirait pas coupé de sa source. Il tirerait facilement des leçons de toutes les expériences qu'il vivrait. Il en était ainsi avant la période de l'Atlantide. Depuis que l'homme a été coupé de sa source ou du monde spirituel, il n'a plus accès à la vérité. Il n'est plus un parfait miroir du monde spirituel et il ne comprend plus ce qui lui arrive. Il y a gagné le libre arbitre mais il ne sait pas s'en servir. Cette faculté ne lui sert plus qu'à interpréter de travers les événements de sa vie, sans pouvoir en tirer de leçons.

> **L'homme doit se reconnecter à sa source afin de comprendre le phénomène «miroir» et de développer une vision de synthèse.**

- Le phénomène «miroir» représente la base du travail sur soi, avant et après s'être engagé dans une voie spirituelle afin d'ancrer le travail intérieur.

- Le phénomène «miroir» demande un gros effort de conscience mais il permet à l'aspirant de progresser sur la voie de la connaissance de soi. Il est lié à une vision nouvelle de soi et de la vie, qui s'acquiert principalement grâce à l'ouverture du cœur, c'est-à-dire le quatrième chakra situé au centre de la poitrine. L'ouverture du chakra du cœur est un travail difficile pour l'Occidental qui a l'habitude de penser avec sa tête plutôt qu'avec son cœur. Lorsqu'il y arrive, l'état d'esprit qu'il développe lui permet de mieux comprendre la vie et son propre fonctionnement, et de mieux déceler le phénomène «miroir».

- Le phénomène «miroir» demande beaucoup d'humilité à cause de toutes les remises en question qu'il implique, dans tous les domaines de la vie du chercheur de lumière. Tout au long de son incarnation sur la terre, l'aspirant doit «ressentir» qu'il est à l'école et qu'il est là pour apprendre et se remettre constamment en question. Il ne doit jamais défendre ses idées coûte que coûte, puisqu'il est incapable de s'élever suffisamment pour avoir accès à la vérité. Il doit accepter humblement que tout ce qu'il peut dire n'est que l'expression de son propre point de vue entaché d'illusions. L'être humain est là pour évoluer et non pour s'accrocher à des croyances qui le cristallisent. Cette attitude demande évidemment beaucoup de courage! Mais l'être qui y parvient est un chercheur de Lumière, un aspirant sur le Sentier de l'évolution spirituelle. Tôt ou tard, dans cette vie ou dans une prochaine, il se reconnectera à sa source et il cessera de tourner en rond.

> *Toi, le chercheur sincère*
> *perdu dans les brumes de l'astral,*
> *Ouvre ton œur et invoque ta Source.*
> *Vide ton mental*
> *afin qu'il redevienne comme un miroir reflétant la vérité.*
> *Ô toi, l'aspirant courageux,*
> *qui jamais ne se plains de son sort,*
> *n'accepte jamais rien pour vérité*
> *que tu n'aies expérimenté*
> *Au plus profond de ton Être intérieur,*
> *Et deviens le miroir du divin.*
>
> *... et surgira alors la compréhension.*

Le miroir et les relations

Dans le cadre de cet ouvrage, j'aimerais détailler le fonctionnement du phénomène «miroir» du point de vue des relations humaines, et plus particulièrement dans la relation de couple.

Il fut un temps, très ancien, où l'homme était androgyne.

Il avait la capacité de créer un autre lui-même, sans avoir besoin d'un être complémentaire (autofécondation).

Puis, vers le milieu de la période d'évolution de la race lémurienne, il y a plusieurs millions d'années, survint la division des sexes. Petit à petit, chaque âme engendra un corps qui devint de plus en plus sexué, jusqu'à ce que l'autofécondation ne fût plus possible, cette âme se voyant alors obligée d'obtenir le concours d'une âme de polarité opposée afin de créer un nouvel être humain. Ce résultat était inéluctable à cause de la densification de la Terre, qui a fait que l'âme a perdu peu à peu le pouvoir qu'elle détenait sur la formation du corps physique.

L'âme ayant choisi un corps masculin, elle dut trouver une âme dotée d'un corps féminin afin de pouvoir procréer. Toute l'énergie que l'âme-personnalité androgyne déployait pour créer un être à son image l'empêchait de progresser.

Après la division des sexes, l'âme-personnalité procréa avec son complémentaire, ce qui lui permit de garder de l'énergie pour intérioriser l'une des deux polarités. Ainsi, l'âme-personnalité masculine intériorisa l'aspect féminin pendant que l'âme-personnalité féminine intériorisa l'aspect masculin.

L'énergie ainsi intériorisée permit à l'âme de créer d'autres fonctions internes et de nouveaux organes (notamment le cerveau), favorisant de ce fait une nouvelle progression.

Ce fut un tournant capital dans l'évolution de l'être humain. Celui-ci put alors commencer à développer l'amour dans sa quête de l'autre moitié, de même que la connaissance, grâce à son cerveau et à sa faculté de penser. Les âmes-personnalités apprirent ainsi à chercher leur parfait complémentaire et à s'unir avec lui afin de procréer.

C'est cette réminiscence du passé qui pousse l'homme actuel vers la quête de l'âme sœur ou de l'âme jumelle.

Ainsi donc, l'individu devenait masculin ou féminin à l'extérieur et il devait s'unir avec son complémentaire pour se sentir complet, pendant qu'à l'intérieur, la personnalité devait devenir yin et se laisser pénétrer par l'âme yang afin de s'unir, elle aussi.

C'est à partir de cette période que l'être humain «moderne» est né et que le phénomène «miroir» a commencé à jouer son rôle au niveau relationnel.

Pour être bien sûr que vous avez compris ce concept, je tiens à souligner que la relation extérieure entre l'homme et la femme avait pour but de révéler l'union devant être réalisée entre l'âme et la personnalité (à l'intérieur). C'est toujours le cas aujourd'hui.

L'amour que l'être humain cherche actuellement à l'extérieur dans une relation n'est que le reflet de cet amour intérieur qui doit unir l'âme à la personnalité, ou l'individu à Dieu. Ce «grand amour» auquel l'homme aspire, c'est en fait l'union avec son âme qu'il souhaite profondément.

> L'amour extérieur relationnel n'est, en vérité, qu'un pâle reflet de l'amour divin. Le désir du «grand amour» voile le besoin de fusion avec son âme et avec le divin.

La vie en couple doit être un tremplin pour la *ré*union intérieure de l'âme et de la personnalité.

Comment le phénomène miroir peut-il vous aider dans votre vie de couple?

Comprenez que l'on n'attire pas un partenaire «par hasard». Chaque personne est l'hôte d'un partenaire intérieur, un partenaire idéal qui lui correspond. Entendons-nous bien sur le mot «idéal». Il ne s'agit pas ici d'une personne parfaite mais de l'idée que l'on se fait de cette personne que l'on croit mériter (ce qui est bien différent, comme vous pouvez vous en douter).

Cette idée représente une énergie mentale associée à tout un cortège d'émotions et de désirs, qui constituent un véritable personnage intérieur que nous portons réellement en nous, inconsciemment.

Ce personnage symbolique, mais néanmoins réel, dispose d'une charge énergétique d'autant plus puissante que nous y pensons souvent. Cette énergie émane de nous et dès que nous côtoyons une personne qui correspond à ce personnage intérieur, l'énergie l'attire et cela fait «tilt»!

Je vais vous expliquer ce phénomène d'une manière encore plus claire.

- Si vous êtes un homme, vous possédez en vous une «femme intérieure», c'est-à-dire un personnage nourri par votre idéal féminin ainsi que par vos désirs, vos fantasmes et émotions. Vous projetez vos perceptions à l'extérieur, dans l'espoir de rencontrer une femme réelle qui correspondra à cette femme intérieure. Si votre projection est puissante, si vous y pensez souvent, vous attirerez immanquablement une femme qui correspondra à vos attentes. Cette femme sera le miroir de votre personnage intérieur. Plus elle correspondra à ce personnage, plus vous serez amoureux d'elle, car elle éveillera un écho en vous. Si cette femme ne correspond pas tout à fait à votre femme intérieure, vous ferez semblant de ne pas voir les différences afin de ne pas être trop perturbé par celles-ci. Ainsi, vous ne verrez pas votre partenaire telle qu'elle est, mais comme vous voulez qu'elle soit, c'est-à-dire en accord avec votre femme intérieure.

- Si vous êtes une femme, vous possédez, vous aussi, un personnage intérieur, qui est votre homme idéal nourri de vos fantasmes, de vos désirs et de vos émotions. Un jour ou l'autre, vous rencontrerez cet homme idéal et vous en tomberez amoureuse. Vous non plus, vous n'êtes pas vraiment amoureuse du personnage que vous rencontrez, mais vous l'êtes de l'image idéalisée que vous projetez sur lui par le biais de votre homme intérieur.

Tout le monde fonctionne comme cela. C'est un processus qui s'enclenche automatiquement, et duquel l'être humain est prisonnier. Pour en sortir, il n'y a qu'un seul moyen: le travail sur soi afin de se déconditionner et de devenir conscient de son comportement à tous les niveaux.

Un bon exercice consisterait à pratiquer la lecture psychique de son homme intérieur si vous êtes une femme ou de sa femme intérieure si vous êtes un homme.

Pour mieux comprendre le phénomène «miroir», il est même conseillé d'effectuer cet exercice avec les deux personnages.

Si vous êtes une femme, la «lecture» de votre femme intérieure vous permettra de prendre un peu de recul vis-à-vis de vous-même. Il en sera de même si vous êtes un homme.

Voici maintenant la façon dont vous allez vous y prendre pour faire la lecture psychique du couple intérieur.

— Intériorisez-vous et fermez les yeux.

— Respirez lentement et profondément (n'oubliez pas que le mental fonctionne grâce à trois éléments: le mouvement, la vision et la respiration). Pour calmer votre mental, vous devez vous asseoir confortablement et ne plus bouger. Fermez ensuite les yeux et ralentissez le rythme de votre respiration. Vous êtes ainsi dans les meilleures conditions possibles pour méditer et pratiquer les lectures psychiques.

- Placez votre conscience dans votre chakra du cœur, situé au centre de votre poitrine. Ce centre psychique est celui par excellence de l'amour et du couple.

- Imaginez que vous êtes dans une salle de cinéma devant un écran blanc.

- Demandez à voir apparaître votre femme intérieure sur cet écran.

- Soyez réceptif; laissez venir les images sur votre écran.

- Découvrez votre femme intérieure. Regardez dans quel environnement elle se trouve, comment elle est habillée, quel est son état de santé, son moral, ce qu'elle attend de la vie, exactement comme si vous aviez devant vous une personne réelle.

- Essayez de déterminer de quel type de guérison votre femme intérieure a besoin pour être bien dans sa peau. Faites appel à votre créativité et visualisez cette guérison.

- Laissez maintenant les images disparaître de votre écran et demandez à y voir apparaître votre homme intérieur. Comme pour votre femme intérieure, voyez dans quel état il se trouve, puis procédez à sa guérison. Ne vous limitez pas dans vos guérisons, tout en demeurant dans le domaine du concret. Ne faites pas de votre femme intérieure une fée, mais une femme belle, douce, équilibrée et créative, par exemple. Faites appel à votre intuition pour les guérisons et laissez aller les choses.

La première fois que vous effectuerez ce travail de lecture psychique, il est préférable que vous le fassiez à deux afin d'éviter les projections mentales. Vous lirez les personnages intérieurs de votre partenaire, et ce dernier lira les vôtres. Vous irez ensuite voir vous-même vos personnages pour procéder à leur guérison, selon les informations données par la lecture psychique de votre partenaire.

Ma femme intérieure:

Mon homme intérieur:

Guérison de mes personnages intérieurs:

    Comprenez bien que ce travail n'est pas un jeu même s'il paraît être anodin. Il s'agit d'énergies intérieures que vous transformez, et il en résultera des changements extérieurs.

    Il faut savoir ce que vous voulez.

    Si vous ne voulez pas changer ni évoluer, alors, ne faites pas cet exercice. Mais si vous voulez améliorer vos relations avec autrui et ouvrir votre cœur de façon à obtenir plus d'amour et à plus d'authenticité dans vos rapports humains, mettez-vous à la tâche.

    L'énergie relationnelle que vous émettrez alors changera, avec comme conséquence que vous n'attirerez plus les mêmes gens. Si vous n'avez pas l'habitude de travailler sur vous, cette nouvelle approche peut vous effrayer et vous faire retourner rapidement à vos anciennes habitudes relationnelles, annihilant ainsi le travail psychique que vous venez de réaliser.

Il faut du courage pour vivre et accepter le changement. On peut vouloir revenir en arrière et perdre ainsi le fruit de son travail. Il peut vous arriver de faire un pas en avant pour évoluer, puis deux en arrière dès que vous sentez que votre vie est en train de changer. Il s'agit là de la meilleure preuve que l'on n'est pas prêt à s'engager dans une voie spirituelle et que l'on manque de maturité pour l'instant.

D'une manière générale, retenez que les gens avec lesquels vous avez des relations fortes représentent une part plus ou moins grande de vos personnages intérieurs. C'est en cela qu'ils sont des miroirs de vous-même.

En d'autres termes, lorsqu'une personne vous fait réagir, positivement ou négativement, cela signifie qu'elle est un miroir pour vous, qu'elle fait réagir l'un de vos personnages intérieurs ou une partie de votre personnalité, même si vous n'en êtes pas conscient.

Vous êtes-vous jamais demandé pourquoi certaines personnes vous faisaient réagir alors que d'autres vous laissaient indifférent? C'est tout simplement parce que les premières sont des miroirs pour vous alors que ce n'est pas le cas pour les secondes.

Chaque personne présente une personnalité complexe, constituée de toutes sortes de comportements et d'attitudes hérités de l'enfance (et d'autres vies), ainsi que de désirs et de croyances.

> **Les personnes que l'on appelle «miroirs» sont celles qui font réagir une partie de nous-même.**

Une personne qui n'a pas d'«atomes crochus» avec vous ne peut pas vous faire réagir.

Prenons un exemple: alors que vous étiez un enfant âgé de trois ans, votre père s'est moqué de vous à cause d'un dessin que vous aviez fait et qu'il avait jugé grotesque. Pendant qu'il vous humiliait de cette façon (ce qui a déclenché un blocage par rapport, notamment, à la créativité) il mangeait des cacahuètes.

Depuis, chaque fois que vous rencontrez une personne qui mange des cacachuètes, vous avez envie de lui tordre le cou.

Comme vous êtes inconscient du rapport qui existe entre cette situation et votre enfance, vous choisissez un sujet de conflit qui n'a rien à voir avec les cacahuètes mais qui vous permet d'évacuer votre colère.

La personne qui mange des cacahuètes fait donc réagir quelque chose en vous; elle constitue un miroir pour vous dans cette situation.

Si vous ne prenez pas conscience de ce problème provenant de votre enfance, vous continuerez à vouloir provoquer des conflits avec toutes les personnes que vous verrez manger des cacahuètes.

Vous trouvez sans doute cela idiot, mais je n'y puis rien, c'est le fonctionnement de l'être humain.

> **Retenez bien ceci: chaque fois qu'une personne vous fait réagir, elle appuie sur quelque chose qui est en vous et qui ne demande qu'à être conscientisé.**

Si une personne vous énerve par son comportement, il ne sert à rien d'essayer de corriger cette personne puisque le problème est en vous. Soit que vous ayez le même problème qu'elle, soit qu'elle fasse réagir en vous quelque chose qui se rapporte à son comportement.

> **C'est pour cela qu'il ne sert à rien de juger son prochain, car on ne fait que se juger soi-même.**

Dans ce genre de situation, essayez de réagir en adulte en n'attaquant pas la personne qui vous agace. Faites le point pour découvrir la cicatrice sur laquelle cette personne est en train d'appuyer involontairement. Si vous y arrivez, vous serez un peu plus conscient et vous aurez évolué.

L'évolution spirituelle dans le quotidien grâce au phénomène «miroir» est possible, à condition de bien vouloir l'utiliser. Chaque relation que vous nouez peut vous donner des informations sur votre fonctionnement. Mais il faut beaucoup de courage pour se remettre perpétuellement en question à travers chacune de ses relations.

À ce sujet, retenez les deux énoncés suivants:

> **Tout ce qui vous gêne chez une personne correspond à quelque chose que vous devez changer en vous.**

et

> **Tout ce qui vous émerveille chez une personne correspond à quelque chose que vous devez développer en vous.**

Vous devez garder ces deux principes en mémoire, car ils constituent les bases du phénomène «miroir» dans les relations humaines.

Sachez aussi que plus la relation est intime, plus les personnes engagées dans cette relation constituent de bons miroirs l'une pour l'autre.

Si vous tenez compte du phénomène «miroir» dans vos relations, vous deviendrez plus tolérant et plus respectueux envers les autres. Si vous vous trouvez dans une situation conflictuelle, vous n'accablerez pas l'autre mais vous chercherez à comprendre ce qu'il fait réagir en vous afin de pouvoir travailler sur ce problème. Et vous verrez disparaître le conflit extérieur, ce qui est normal puisqu'il n'était là que pour vous faire prendre conscience de votre problème intérieur, que vous venez de régler.

Votre état d'esprit par rapport à la vie changera totalement. Vous ne serez plus en lutte contre la vie et contre les épreuves ou conflits qu'elle vous réserve. Vous ne serez plus qu'acceptation. Vous aurez compris que tout événement qui survient peut vous aider à mieux vous connaître et à grandir spirituellement.

La vie n'est pas votre ennemie. Ayez le courage de vous abandonner à elle et de vous ouvrir à tout ce qu'elle vous propose. Sachez tirer les leçons de toutes les expériences que vous vivez. L'Univers pourra alors s'exprimer et créer à travers vous, car vous ne lui opposerez plus une résistance farouche comme auparavant.

Vous vous laisserez investir, remplir, féconder par l'Univers-Dieu. Et vos relations seront le reflet de cette acceptation et de cet abandon de soi.

Le parfait miroir

Lorsque vous vous engagez dans une voie spirituelle, vous rencontrez un parfait miroir qui est le Maître spirituel qui transmet cette voie.

Chacun «interprète» les personnes qui l'entourent. On se fait une idée des gens que l'on connaît, de sorte que l'on est incapable de les voir tels qu'ils sont. C'est normal et inélucatable, tant que l'on n'est pas illuminé.

Un Maître illuminé dispose d'un mental clair qui ne projette aucune idée préconçue sur quiconque. Il nous renvoie ce que nous sommes sans altération: c'est un parfait miroir!

Ce phénomène est assez désagréable pour les aspirants à une voie spirituelle, car ils sont sans cesse mis en face d'eux-mêmes dès qu'ils s'approchent du Maître de leur voie. Ce dernier voit en eux comme dans un livre ouvert, de sorte qu'ils ne peuvent rien lui cacher.

La relation avec un être ayant réalisé le Soi nous permet de nous connaître et d'affronter tout ce qui n'a pas été réglé en nous. Cette prise de conscience exige beaucoup d'humilité afin de pouvoir accepter tout ce qui nous est révélé grâce au concours du parfait miroir qui se trouve devant nous.

Ce travail important pourra se réaliser à condition que vous l'acceptiez. Souvent, des aspirants se détournent de leur voie spirituelle, car ils ne supportent pas les remises en question que cette relation avec un parfait miroir génère. Ainsi, ils se privent d'un des plus beaux cadeaux qu'une relation humaine puisse offrir: révéler ce que l'on est.

Chapitre 3
L'ultime relation

Si vous cherchez un partenaire dans le dessein de combler votre manque affectif, vous ne pourrez jamais vivre une relation amoureuse épanouissante, car vous ne trouverez jamais quelqu'un qui acceptera de ne s'occuper que de vous sans rien attendre en retour.

Si vous cherchez un guide spirituel pour tenter de combler l'avidité de votre mental, vous n'en rencontrerez jamais, car personne ne pourra jamais satisfaire l'avidité de votre mental.

Si vous voulez vivre une relation amoureuse épanouissante, il vous faut ouvrir votre cœur et être prêt à donner tout votre amour à l'élu de votre cœur, sans rien attendre en retour.

Si vous voulez rencontrer un véritable guide spirituel ou un Maître ayant réalisé le Soi, c'est aussi avec votre cœur que vous devez le chercher, car c'est avec votre «ressenti» et votre intuition que vous le reconnaîtrez.

Si vous voulez remplir votre mental de connaissances, alors vous n'avez pas besoin d'un Maître spirituel; vous avez simplement besoin d'un enseignant en ésotérisme ou en spiritualité.

> **Un Maître spirituel n'est pas là pour vous apprendre la vérité ou la sagesse, mais pour vous la faire vivre.**

Le maître spirituel n'est pas là pour enrichir votre personnalité, mais pour la détruire. Il n'est pas là pour glorifier votre ego, mais pour l'annihiler.

Le renonçant

Le renonçant est l'aspirant qui évolue seul et qui se retire volontairement de la société. Il renonce totalement au monde matériel. Il ne faut pas le confondre avec l'ascète, qui rejette le monde, alors que le renonçant, lui, s'en détache. (Entre le rejet et le «lâcher-prise» il y a plusieurs niveaux de conscience de différence!) La renonciation est un art difficile, qui demande beaucoup d'humilité et de «lâcher-prise». Le renonçant vit hors du monde.

L'aspirant vivant en couple

L'aspirant vivant en couple a choisi d'évoluer spirituellement tout en restant au sein de sa famille. Il continue de vivre dans le monde, tout en étant hors du monde. Son approche est tout aussi difficile que celle du renonçant, car il a toujours devant lui tous les attraits du monde matériel. De plus, sa famille peut très bien ne pas s'intéresser à sa voie spirituelle et il devra alors évoluer seul, tout en étant en famille. Le fait de ne pas pouvoir partager son évolution avec sa famille lui occasionnera quelques difficultés morales et sentimentales. Il devra non seulement continuer d'assumer ses responsabilités familiales mais également trouver le temps nécessaire pour pratiquer sa sadhana.

Voici ce que je propose dans la voie spirituelle que je transmets (le Jyoti Yoga ou Yoga de la Lumière):

- L'aspirant peut choisir d'évoluer seul ou en couple. Il sera un renonçant partiel en se détachant graduellement des attraits matériels de ce monde et de toutes ses structures, mais il restera dans le monde en assumant les responsabilités dont il a la charge.

- S'il évolue seul, l'aspirant apprendra à lâcher tous ses désirs pour le monde matériel et pour les structures qui l'y rattachent et le sécurisent extérieurement, l'empêchant ainsi de devenir un être accompli et autonome. Il apprendra à s'assumer seul puisqu'il n'y a ni ashram ni communauté dans cette voie spirituelle, chacun devant résoudre ses propres problèmes.

- S'il vit en couple, l'aspirant apprendra également à renoncer à tous ses désirs pour le monde matériel, tout comme il assumera ses responsabilités par rapport à sa famille. Mais en plus de résoudre ses propres problèmes, il devra solutionner ceux de sa famille, en accord avec ses membres.

- Il est bien évident que le guide spirituel n'intervient jamais dans les affaires matérielles ou affectives de ses aspirants ou de ses disciples. Seule leur vie spirituelle le concerne.

- Dans la discipline du Jyoti Yoga que je transmets, l'aspirant doit être dans le monde tout en étant hors du monde, qu'il vive seul ou en famille. Il doit donc évoluer tout en continuant à vivre dans le monde matériel et en y travaillant pour subvenir à ses besoins. Seulement, il apprend à rester détaché et à se passer de ses structures. Graduellement, il arrive à s'assumer totalement et à devenir autonome. Il ne compte plus sur la société pour l'aider ou le secourir dans les situations difficiles. Il ne compte que sur lui-même pour toutes les situations matérielles et affectives, et sur son guide pour tout ce qui touche à son évolution spirituelle. C'est dans ces conditions que l'aspirant devient un disciple, c'est-à-dire un être humain adulte, autonome et responsable de ses actes. La personne engagée dans une voie spirituelle ne doit pas s'attendre à être prise en charge. Il ne faut pas confondre voie spirituelle et secte.

- Une voie spirituelle comme le Jyoti Yoga, ou Yoga de la Lumière, est une énergie vivante qui se transmet de Maître à disciple (ou aspirant), sans le support d'aucune structure. Une voie spirituelle authentique n'a jamais de structure. Elle n'est ni une association, ni une organisation, car les structures ne font que sécuriser extérieurement les gens et les empêcher d'évoluer. C'est donc un moyen de distinguer une voie spirituelle authentique d'une secte. Une voie spirituelle est une énergie en mouvement qui circule entre les aspirants et les disciples; ceux-ci sont tous connectés avec leur centre, leur guide spirituel, qui joue le rôle de point de référence (car il représente symboliquement l'âme de chaque aspirant). Structurer une voie spirituelle en en faisant une organisation ou une association, c'est la figer, la cristalliser, et donc, la tuer à court terme. De telles structures dévitalisent la voie spirituelle, qui devient alors un enseignement codifié et mort, inapte à faire évoluer les aspirants, et qui deviendra simplement un centre d'information sur la spiritualité.

Retenez ceci:

> **Une voie spirituelle est une énergie vivante
> et sans structure, qui circule dans le courant de la vie
> et qui se transmet uniquement oralement,
> entre un être ayant réalisé le Soi
> et un aspirant ou un disciple.**

- Ce qui authentifie une voie spirituelle, c'est le contact direct et énergétique qui se fait entre l'aspirant et l'Initié, ou guide spirituel de cette voie. Lorsque l'aspirant est prêt, il reçoit l'Initiation de la bouche même de son guide spirituel. C'est la rencontre entre deux êtres incarnés – l'un Initié et ayant réalisé le Soi, l'autre, aspirant ou disciple –, et la transmission d'énergie qui en résulte en constitue la voie spirituelle. Croire que l'on peut suivre une voie spirituelle par l'intermédiaire de livres, de cours par correspondance ou d'un pseudo-Maître d'une autre dimension est une illusion!

Pour revenir à l'une des questions qui ont été posées au début de ce chapitre, *L'évolution en couple est-elle possible?* je dis oui, sans hésiter.

Voyons quels sont les avantages et les inconvénients de cette situation.

L'avantage de vivre en couple est de ne pas se retourver seul pour affronter la vie. C'est de pouvoir partager avec l'élu de son œur tout ce que l'on vit.

C'est de pouvoir fonder une famille si on le souhaite.

C'est de planifier des projets communs.

C'est la possibilité d'être plus stable et d'avoir une vie mieux organisée et plus disciplinée que si l'on vit seul.

C'est également l'avantage de pouvoir garder «les pieds sur terre», d'avoir le sens des réalités matérielles.

Mais ces avantages ne valent que si votre partenaire est également engagé dans la voie spirituelle, sinon vous ne pourrez plus partager avec lui (ou avec elle) ce que vous vivez, ce qui réduira grandement l'impact de votre démarche.

Votre engagement vous fera prendre conscience que vous vous sécurisez beaucoup de par votre relation de couple. Vous devrez donc travailler afin d'obtenir une sécurité intérieure indépendante de votre partenaire.

Enfin, vous devez savoir que vous dépasserez votre besoin d'avoir des enfants, ce qui constitue le but des gens qui ne sont pas encore engagés dans une voie spirituelle. Vous éprouverez plutôt le désir de créer et de vous transformer. Il y aura alors une transmutation de l'énergie qui était utilisée pour la procréation. (Nous en reparlerons d'ailleurs dans le chapitre portant sur le recyclage de l'énergie sexuelle.)

Un autre avantage de cette démarche est le phénomène «miroir» qui demande, il est vrai, beaucoup de conscience. Tous les jours, vous avez devant vous un puissant miroir en la personne de votre partenaire. À vous d'être observateur et attentif à tout ce que ce miroir vous renvoie et à tout ce qu'il fait réagir en vous.

Tout ce qui vous gêne chez votre partenaire correspond à des schémas négatifs sur lesquels vous devez travailler afin de pouvoir les transformer, et tout ce que vous admirez chez lui correspond à des dons ou à des talents qu'il serait temps que vous exprimiez et cultiviez. Ainsi, vous pourrez progresser grâce aux leçons que vous tirerez de vos rapports avec votre partenaire.

Si votre partenaire est également engagé dans la voie spirituelle et que vous êtes conscients, tous les deux, du phénomène «miroir», votre relation peut devenir très enrichissante et votre couple pourra évoluer vers un amour plus inclusif et plus inconditionnel.

En ce qui concerne les inconvénients de l'évolution en couple, ils ont trait aux mirages et aux illusions reliés à l'amour sentimental.

Comme je l'ai dit plus haut, les gens vivent ensemble pour se sécuriser mutuellement, pour prendre conscience du phénomène «miroir». Et ils sont amoureux non pas de la personne qui partage leur vie, mais du personnage idéalisé qui est à l'intérieur d'eux.

Très souvent, lorsqu'un couple dont la relation repose sur toutes sortes d'illusions s'engage dans une voie spirituelle, il doit faire face à la réalité. Il en résulte soit une transformation de la relation, qui repartira sur de nouvelles bases avec plus d'authenticité et plus d'amour, soit une rupture si les deux partenaires ne sont pas prêts pour cette remise en question, ou encore s'ils n'ont plus rien à faire ensemble. Il est incroyable de voir le nombre de gens qui préfèrent rester en couple alors qu'il n'y a aucun amour entre eux.

Sur quoi repose leur couple?

— Sur la sécurité extérieure qu'apportent la présence de l'autre et la structure rassurante du couple (ils sont mariés comme tout le monde).

— Sur le besoin de reconnaissance: leur partenaire les a reconnus comme des personnes dignes d'exister et ayant une identité propre. (Ils ont acquis, par leur couple, une identité sociale qui leur permet d'être reconnus par autrui et ils ne veulent pas abandonner cela.) Beaucoup de gens ne vivent que par l'intermédiaire de leur couple ou de leur partenaire; on appelle cela de la co-dépendance. Les femmes sont davantage touchées par ce problème d'identité.

— Le besoin qu'on s'occupe de soi, ce besoin que les gens prennent pour de l'amour alors qu'il s'agit, tout au plus, d'affection (étymologiquement, le mot «amour» signifie «attribution à un certain usage», c'est-à-dire que l'on utilise l'autre pour ses besoins, ce qui n'a rien à voir avec l'amour). Certaines personnes feraient n'importe quoi pour qu'on s'occupe d'elles. Quand elles ont trouvé quelqu'un avec qui vivre, elles s'accrochent à leur partenaire et attendent tout de lui. Comme ce dernier ne peut jamais donner assez, ces personnes sont perpétuellement insatisfaites.

Évidemment, ces gens vivent leur couple dans une joyeuse inconscience et ils sont persuadés qu'ils s'aiment. Le jour où ils s'engagent dans une voie spirituelle et qu'ils commencent à devenir conscients de leur fonctionnement et de leurs attentes affectives, ils sont effarés de découvrir les diverses illusions qu'ils entretenaient face à leur vie de couple. Il n'est pas étonnant alors que de tels couples se désagrègent lorsqu'ils s'engagent dans la voie spirituelle.

La voie spirituelle apporte la lumière et la vérité là où c'est nécessaire. Il faut être suffisamment adulte pour l'accepter. C'est ce processus qui fait dire à certaines personnes particulièrement puériles que la voie spirituelle tue le couple. Rien n'est plus faux. En fait, la voie spirituelle permet au couple de prendre conscience des illusions à dépasser pour développer plus d'amour, d'humilité, d'authenticité et de compassion, afin que chaque partenaire croisse en lumière dans son évolution en couple.

Les inconvénients de l'évolution en couple sont donc liés aux illusions et à l'inconscience propres aux relations humaines. Si vous êtes seul pour évoluer, vous n'aurez que vos propres problèmes à régler, alors que si vous êtes en couple, vous devrez tenir compte de ceux qui impliquent votre partenaire.

La deuxième question qui a été posée est celle-ci:

N'y a-t-il pas le risque de voir son couple se détériorer à cause de la voie spirituelle?

Je réponds toujours à cette question en disant que s'il y a un véritable amour entre soi et son partenaire, il n'y a rien à craindre. Le couple risque de se détériorer lorsqu'il n'est pas basé sur l'amour mais sur le besoin de l'autre, ou sur tout autre compromis plus ou moins conscient. Si tel est le cas, la voie spirituelle ne fait que mettre un terme à l'hypocrisie et au manque d'authenticité qui avaient cours dans le couple.

Peut-on reprocher à cette démarche de faire son travail et de révéler ce qui était caché? C'est simplement la preuve de son efficacité. Lorsque l'amour est présent dans le couple, la voie spirituelle apporte une nouvelle dimension à cet amour et elle fait grandir les deux partenaires en enrichissant leur relation.

Pour ce qui est de la troisième question, *Et si l'engagement dans la voie spirituelle en couple est possible, cela se fera à quelles conditions?*, je vous répondrai que vous avez déjà pris connaissance d'une de ces conditions, soit l'observation du phénomène «miroir» dans le couple. Une autre condition concerne l'ouverture du cœur.

Il faut également développer la sécurité et la confiance, qui sont des qualités essentielles liées respectivement à la mère et au père et qui impliquent un travail approfondi sur l'enfance.

Ce travail doit porter sur la transformation de ses notions de valeur, d'estime de soi et d'image de soi. Ce travail vous permettra d'être authentique dans vos relations. (Étymologiquement, être authentique c'est être maître de soi, ce qui nous ramène au fait que c'est la peur et les autres émotions qui empêchent l'être humain d'être authentique, car il n'a aucune maîtrise de lui-même.)

Ce travail d'individualisation ou de déconditionnement favorisera l'intimité dans votre couple, grâce à l'amour véritable que vous vous porterez et grâce à votre authenticité. Lorsque vous vous sentirez aussi bien avec votre partenaire que si vous étiez seul. À ce stade votre partenaire n'interfère plus avec vous; c'est l'alchimie de l'intimité.

Enfin, il y a deux autres conditions dont j'aimerais parler dans ce chapitre: le pardon et le détachement, qui sont les bases de l'amour inconditionnel.

Tout d'abord, brisons encore quelques illusions en soulignant qu'il n'y a pas de «grand amour» ou d'amour inconditionnel spontané. Il n'y a que des illusions d'amour inconditionnel spontané.

> **L'amour inconditionnel est une voie, un but ultime vers lequel il faut tendre lorsqu'on évolue en couple: c'est la voie de l'amour et de la dévotion.**

L'amour inconditionnel est une qualité divine que l'être humain doit éveiller en lui, ce qui demande des années, et même des vies, de travail sur soi et d'évolution spirituelle. Cette qualité ne s'acquiert pas comme cela. C'est ce que le Christ est venu montrer et enseigner il y a deux mille ans et qui a été si mal compris:

Aime ton prochain comme toi-même.

Ces paroles signifient que, pour accéder à ce «grand amour» dont il rêve, l'être humain doit apprendre à s'aimer. Car le Christ a bien dit «comme toi-même», ce qui sous-entend que si on ne s'aime pas, on ne peut aimer qui que ce soit.

Cette constatation peut paraître dure, mais c'est pourtant une réalité. L'amour que l'on éprouve pour soi est celui que l'on donne à autrui. Si l'on a peu d'amour pour soi, on en aura peu à donner à autrui.

Aime ton prochain comme toi-même vous propose de vous aimer d'abord afin d'être capable d'aimer les autres ensuite. L'amour inconditionnel commence d'abord par vous.

Vous allez penser, bien évidemment, que c'est une façon égoïste de voir les choses et que vous ne pouvez pas agir ainsi. Ce n'est pas ce qu'on vous a appris.

Eh bien, justement, la voie spirituelle n'a rien à voir avec ce que l'on vous a appris; c'est un conditionnement de plus à balayer.

L'amour est UN. C'est une énergie. Vous ne pouvez donner à autrui que ce que vous utilisez pour vous-même. Si votre chakra du cœur, le centre psychique de l'amour, est fermé pour vous-même, par quelle magie pourrait-il s'ouvrir pour autrui? C'est impossible.

Inutile de rêver. Il faut commencer par vous aimer. C'est ce que vous propose le Christ. Ce n'est pas une question de croyance, mais d'expérimentation, d'ouverture et de travail sur soi. Alors, au boulot!

Si vous voulez vivre un grand amour ou, si vous préférez, un amour divin, il faut vous aimer et ouvrir votre chakra du cœur. Ainsi, vous apprendrez graduellement à vous aimer, puis à aimer votre prochain.

En résumé, l'amour inconditionnel est une voie et non un sentiment qui surgit parce que l'on croit avoir rencontré l'élu de son cœur. Il s'agit d'une étape supérieure à celle de l'amour humain, d'une démarche qui s'adresse aux audacieux, aux aventuriers de la conscience, à ceux qui souhaitent aller toujours plus loin dans l'expression de leur amour. L'amour divin est une voie qui vous mène à la rencontre de votre âme.

Voyons maintenant en quoi le pardon et le détachement peuvent vous aider dans votre cheminement.

Le Pardon et le Détachement

Le pardon et le détachement sont deux méthodes de travail sur soi qui sont de plus en plus connues mais encore incomprises.

Comme il est nécessaire de rester pratique si l'on veut que ces méthodes fonctionnent, je vais vous présenter les deux techniques que j'ai mises au point et qui doivent être exécutées à la suite l'une de l'autre pour être efficaces.

Le pardon

Le pardon est un moyen de vous libérer de vos peurs et de vos ressentiments.

Lorsque vous êtes incapable d'exprimer vos émotions et que vous les refoulez, lorsque vous ne savez pas être authentique, il existe un bon moyen pour pallier ces carences, et c'est le pardon.

Le pardon est le remède qui conduit à l'acceptation de soi, de l'autre et de l'amour. Le pardon peut être utilisé dans toutes sortes de situations:

— quand vous vous sentez coupable à cause d'une action que vous avez faite;
— quand vous avez du ressentiment vis-à-vis de quelqu'un;
— quand vous n'arrivez pas à oublier ce que l'on vous a fait ou ce que vous avez fait à quelqu'un;
— quand vous avez certaines choses à régler avec vos parents et que cela fausse votre relation avec eux;
— quand vous vous séparez d'une personne (partenaire ou ami), que la relation n'est pas «claire» et que vous souhaitez qu'elle le devienne avant votre séparation définitive;
— quand une personne proche de vous décède et que vous voulez l'aider à se libérer plus facilement afin qu'elle gagne plus rapidement la Lumière;
— quand vous pensez trop souvent à une personne morte depuis un certain temps et que vous voulez la libérer définitivement et vous également;
— quand vous désirez être plus authentique, plus ouvert, plus direct avec votre partenaire ou avec un ami;

Le pardon et le détachement 53

— quand vous souhaitez régler n'importe quelle situation conflictuelle avec une personne ou avec un organisme;
— quand vous voulez faire progresser votre relation de couple vers une dimension dispensant plus d'amour et de lumière.

Dans toutes ces situations, le pardon est le remède idéal.

Processus du pardon

- Cette technique se pratique à deux. Vous devez vous trouver avec la personne concernée par le pardon, si c'est possible, ou alors avec une personne qui jouera ce rôle.
- Le pardon table surtout sur le «ressenti». Plus vous ressentez le pardon, plus vous pouvez vous débarrasser de votre culpabilité ou de votre peur.
- Pour vous aider, placez votre conscience dans votre chakra du cœur, au centre de votre poitrine.
- Fermez les yeux et visualisez la personne concernée par le pardon, comme si elle était devant vous. (Pour une personne décédée, visualisez-la comme la dernière fois que vous l'avez vue.) Vous pouvez vous aider d'une photo, si nécessaire.
- Le processus se déroule en trois parties.

    1° Placez-vous face à votre partenaire, fermez les yeux et intériorisez-vous. Visualisez la personne à laquelle vous voulez accorder votre pardon. Lorsque vous avez trouvé ce que vous avez à pardonner à cette personne, ouvrez les yeux et dites: «Je te pardonne de m'avoir fait ceci ou cela...» Laissez venir à votre esprit tout ce que vous lui reprochez. À la fin, dites: «Je te pardonne également pour tout ce que je te reproche et dont je suis inconscient. Et je te libère.»

    2° La deuxième phase consiste à vous faire pardonner par la personne en question. Bien intériorisé, les yeux fermés, demandez à la personne de vous pardonner pour tout ce que vous lui avez fait, puis ouvrez les yeux et dites: «Pardonne-moi de t'avoir fait ceci ou cela...» Laissez venir à votre esprit tout ce que vous vous reprochez. Laissez-vous vraiment aller afin d'évacuer votre culpabilité. À la fin, dites: «Et pardonne-moi pour tout ce que je t'ai fait et dont je suis inconscient.» Visualisez ensuite la personne qui vous dit: «Je te pardonne et je te libère.» Ressentez-en une grande libération, surtout au niveau du milieu du dos, qui est la zone physique de la culpabilité.

3° La troisième phase consiste à vous pardonner à vous-même. C'est généralement la phase la plus délicate. Les yeux fermés, essayez de ressentir ce dont vous devez vous pardonner. Puis ouvrez les yeux et imaginez que vous êtes en face de vous-même. Laissez-vous totalement aller et dites: «X (votre prénom), je te pardonne et je te libère pour tout ce que tu as fait à cette personne (dites son prénom)... » Laissez-vous aller à toute émotion libératrice. Puis sentez-vous libéré, clair et centré. Restez quelques instants dans votre chakra du cœur pour goûter cette libération. Remerciez la personne avec laquelle vous avez fait cet acte de pardon et visualisez-la souriante. Saluez-la et voyez-la disparaître. Ouvrez alors les yeux et remerciez votre partenaire. Exprimez ensuite votre gratitude envers tout l'Univers pour cette guérison.

Lorsque vous serez familier avec ce processus, vous pourrez le faire seul, en visualisant simplement la personne avec laquelle vous souhaitez faire l'acte de pardon.

Vous pouvez également faire ce travail sous la douche, en visualisant l'eau qui entraîne votre culpabilité (au niveau du dos) ainsi que toute émotion ou pensée négatives résultant de ce karma relationnel.

Cette façon de faire facilitera votre «ressenti».

Comprenez bien que l'important est de «ressentir» le pardon, car il ne sert à rien de le pratiquer intellectuellement. Le pardon est une technique efficace pour libérer le chakra du cœur et pour lui permettre de s'ouvrir.

La culpabilité qui se manifeste par une douleur au milieu du dos, parfois sous forme de «barre», ferme le chakra du cœur.

Voyons maintenant la technique complémentaire au pardon: le détachement.

Le détachement

Généralement, le détachement est une technique qui fait peur à l'aspirant débutant, car le nom même l'effraie. L'aspirant a tendance à confondre détachement et séparation ou rejet. En fait, il n'en n'est rien.

Le mot «détachement» concerne seulement l'aspect technique de la méthode, et non le fait de quitter telle ou telle personne. Le détachement est une méthode de guérison spirituelle, qui implique une libération et une ouverture se traduisant par un plus grand respect et un plus grand amour pour l'autre. Le détachement se pratique toujours après le pardon.

Habituellement, les gens font état du fait qu'ils sont très «attachés» à telle ou telle personne. C'est une vérité ésotérique: il existe en effet des liens affectifs entre les chakras des gens qui sont très attachés l'un à l'autre. Ces liens inconscients empêchent l'authenticité, l'amour et l'intimité. Il est donc nécessaire de s'en débarrasser si l'on veut tendre vers l'amour inconditionnel et améliorer ses relations avec les gens que l'on aime.

Rappelez-vous que pratiquer le détachement, ce n'est pas rejeter quelqu'un ou ne plus l'aimer, mais au contraire, c'est l'aimer mieux, d'une manière beaucoup plus vaste et plus inclusive, en lui offrant plus de liberté.

Si vous aimez vraiment une personne, la première chose à faire est de lui laisser son entière liberté. Si vous n'en n'êtes pas capable, cela signifie que vous ne l'aimez pas mais que vous en avez seulement besoin. C'est uniquement de l'affection. Cet amour-besoin ou attachement résulte de la peur d'être abandonné, seul et sans amour. En définitive, c'est le fait d'une personnalité infantile.

Pour vivre des relations pleines et claires en exprimant votre amour à ceux que vous aimez, il est capital de pratiquer le détachement.

Avec qui devez-vous pratiquer le détachement?

En premier lieu, avec vos parents, qu'ils soient vivants ou non; en second lieu, avec votre partenaire; en troisième lieu, avec tous ceux que vous aimez; et enfin, avec tous ceux avec lesquels vous avez ou avez eu des liens puissants aussi bien positifs que négatifs.

Ce travail vous demandera beaucoup de temps, mais comprenez qu'il vous permettra de vous libérer peu à peu de votre karma relationnel, qui entre pour une bonne part dans l'enchaînement de la «Roue des incarnations».

Il faut également pratiquer le détachement avec les enfants, mais pas avant l'âge de sept ans, car ce n'est qu'à partir de cet âge que l'enfant commence à maîtriser son corps physico-éthérique et qu'il peut devenir autonome. Avant, il a besoin d'être sécurisé par sa mère, ce qui nécessite une certaine forme d'attachement. Il pourra cependant pratiquer une certaine forme de détachement, selon les circonstances, mais sur une base individuelle.

Il est aussi possible de faire simplement une lecture psychique des fils relationnels et de travailler ensuite dessus pour les améliorer (voir un peu plus loin dans le chapitre le passage traitant des fils relationnels).

Le détachement devrait faire partie de l'éducation normale des enfants. À partir de sept ans, le corps astral ou émotionnel-affectif commence à se développer, de façon que l'enfant puisse l'expérimenter. Il en acquerra graduellement la maîtrise, ce qui se produira vers l'âge de treize ou quatorze ans, au moment de la puberté.

Pratiquer le détachement avec un enfant de sept ans, c'est lui permettre de vivre pleinement ses expériences émotionnelles et affectives, sans conditionnement trop marqué ni influence trop bloquante venant des parents. Ainsi, l'enfant développe correctement son corps astral (ou émotionnel-affectif) et se prépare une future vie affective relativement équilibrée. C'est le service que tout parent devrait rendre à ses enfants afin de leur accorder toute la liberté affective à laquelle ils ont droit.

Dans la culture védique de l'Inde, il existe un rituel qui est pratiqué par l'enfant âgé de huit à onze ans. Il consiste en une approche de la première initiation majeure, laquelle permet à l'enfant de développer correctement son corps astral pour vivre à l'adolescence une vie sentimentale pure et équilibrée. Ce rituel remplace avantageusement le détachement, car il est encore plus profond que celui-ci. Bien évidemment, ce rituel doit être conduit par un authentique Maître spirituel pour que l'Initiation ait véritablement lieu.

Lecture psychique des fils relationnels

La lecture psychique des fils relationnels est la première étape du travail du détachement. En voici le processus:

1° À l'étape précédente du pardon, vous avez appelé la personne avec laquelle vous souhaitiez entreprendre ce travail. Les yeux fermés, visualisez cette même personne en face de vous. Il peut également s'agir de votre partenaire qui est là pour vous guider et jouer le rôle de la personne avec laquelle vous voulez pratiquer le détachement. Placez votre conscience dans votre chakra du cœur et respirez lentement et profondément.

2° Visualisez correctement la personne en face de vous. Vous pouvez retenir votre souffle quelques secondes afin de renforcer la visualisation. Vous pouvez également prononcer le nom de la personne afin de mieux la voir apparaître devant vous.

3° Demandez à votre intuition qu'elle vous permette de visualiser les fils relationnels qui vont de vos chakras à ceux de la personne qui se trouve en face de vous et qui illustrent l'attachement qui existe entre vous deux. Laissez venir. Restez ouvert à tout ce qui se présente.

4° Regardez à quels chakras les fils sont attachés et quelle est leur nature. Dites à votre partenaire tout ce que vous voyez afin qu'il note sous forme de dessin (voir ci-après).

Quelques précisions et conseils

- Si vous avez de la difficulté à visualiser, il faudra vous entraîner, car ce travail est délicat et on ne peut se permettre de faire n'importe quoi. En résumé, il est impératif de savoir visualiser correctement. À ce sujet, il peut être utile que vous vous reportiez à mon précédent ouvrage, *La Voie de la Lumière*, où je donne des méthodes pour s'entraîner à visualiser.

- Pour les personnes ayant des difficultés de visualisation: demandez à votre intuition qu'elle vous fasse ressentir les chakras où il faut pratiquer le détachement ou qu'elle vous donne les numéros de ces chakras, ou encore qu'elle les fasse apparaître sur votre écran blanc intérieur.

- Il est possible que certains chakras n'aient pas de fil ou qu'il y ait plus d'un fil à un chakra.
- Il peut arriver qu'un fil attaché, par exemple, à votre deuxième chakra, rejoigne le troisième chakra de l'autre personne, pendant que celui de son troisième chakra à elle sera attaché à votre cinquième chakra. En fait, les fils peuvent se croiser.
- Les fils peuvent prendre, symboliquement, n'importe quelle forme pour vous montrer le type d'attachement dont il est question. Voyez, dans les pages suivantes, quelques exemples de fils illustrant l'attachement, et comment il faut les représenter afin d'y voir clair.

Une fois que vous aurez fait la lecture des fils relationnels, vous pourrez dresser le bilan de cette relation, puis décider de ce que vous voulez faire.

À ce stade, tout est encore possible. Vous pouvez très bien effectuer le détachement (voir plus loin) ou non, tout en prenant conscience de l'état de la relation étudiée et de ce qu'il faudrait faire pour l'améliorer. Les exemples ci-après pourront vous aider à mieux comprendre ce principe. Étudiez-les avec soin, car ils vous donneront des notions sur le mode de fonctionnement de l'attachement. Un dessin vaut souvent mieux qu'un long discours. Alors, regardez attentivement ceux des pages suivantes.

Exemple d'attachement

A : **B :**

Θ   Θ *CHAKRA CORONAL*

Θ   Θ *CHAKRA FRONTAL*

Θ   Θ *CHAKRA LARYNGÉ*

Θ   Θ *CHAKRA du CŒUR*

Θ   Θ *CHAKRA SOLAIRE*

Θ   Θ *CHAKRA SACRÉ*

Θ   Θ *CHAKRA RACINE*

1er exemple d'attachement

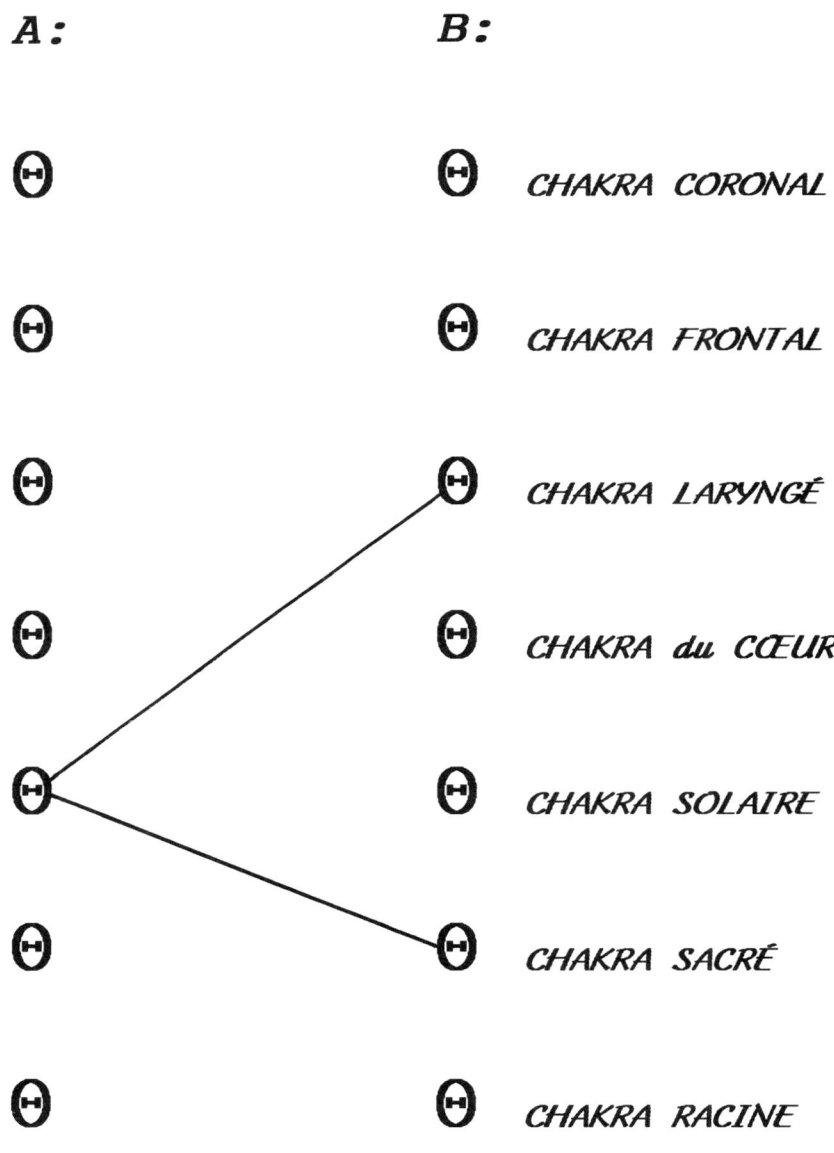

L'exemple qui précède montre les sept charkas de deux sujets, A et B, reliés avec des fils d'attachement. Cet exemple illustre un abus de pouvoir du sujet A envers le sujet B. En effet, on voit deux fils qui partent du chakra solaire (le chakra du pouvoir personnel et de l'affirmation de soi) du sujet A et qui aboutissent aux chakras laryngé et sacré du sujet B.

Le premier fil qui relie le chakra solaire de A et le chakra laryngé de B montre que le sujet A influence le sujet B dans sa communication, dans sa créativité et dans toute son expression de manière générale. Le chakra laryngé étant celui de l'individualisation, il est probable que le sujet B essaie d'imiter le sujet A à cause de l'influence que ce dernier exerce sur lui. Le sujet B a probablement un chakra laryngé relativement fermé, surtout si le sujet A est un membre de sa famille et qu'il jouit d'une forte autorité sur lui. Peut-être est-il jugé timide par ses proches.

En ce qui concerne le second fil, qui va du chakra solaire de A vers le chakra sacré de B, nous voyons là un rapport classique de dominant (chakra solaire du sujet A) à dominé (chakra sacré du sujet B). Car le chakra solaire représente la domination, l'autorité, le dynamisme, la fonction yang, alors que le chakra sacré symbolise la soumission, l'inertie, la passivité et la fonction yin.

Ce rapport d'attachement se rencontre typiquement dans les couples où l'homme serait le sujet A et la femme, le sujet B.

Bien sûr, cet exemple est caricatural et incomplet mais il illustre bien un schéma classique que l'on rencontre souvent.

Nous verrons maintenant un autre schéma courant d'attachement.

2e exemple d'attachement

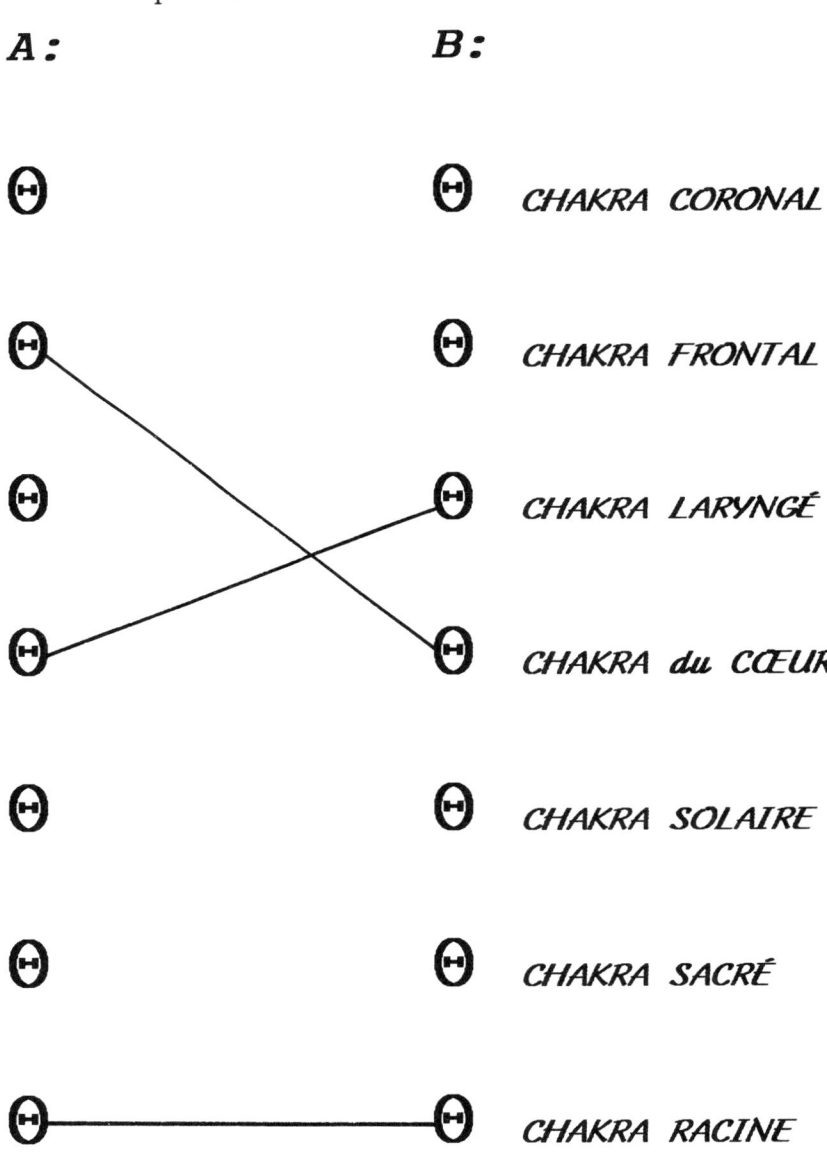

Ce deuxième exemple d'attachement illustre tout d'abord qu'il existe un lien entre les chakras racine des deux sujets. Si ces sujets vivent en couple, cela peut indiquer qu'ils se sécurisent l'un l'autre (sécurité extérieure) et qu'ils sont fortement attirés l'un par l'autre (le chakra racine est relié à la sexualité). Ces deux éléments cimentent leur relation et les rendent très dépendants l'un de l'autre. Ce genre de relation est tout à fait habituel chez les couples d'aujourd'hui.

Vous remarquerez ensuite deux fils qui se croisent.

Voyons premièrement celui qui va du chakra du cœur du sujet A au chakra laryngé du sujet B. On voit ici que le sujet A s'attend que son partenaire lui exprime son amour par des mots, des écrits, etc. Le sujet B, pour sa part, joue un rôle de «guide» dans le domaine de l'amour pour le sujet A.

Le chakra du cœur, comme on le sait, est celui de l'amour, alors que le chakra laryngé est celui de l'expression de soi et de la «guidance», ce qui explique ce type de relation.

Deuxièmement, vous voyez un fil qui part du chakra frontal du sujet A pour aller au chakra du cœur du sujet B. Ce qui signifie que le sujet A est un esthète dans le domaine de l'amour et que le côté visuel est capital pour lui. Il peut imposer sa vision de la vie concernant le domaine du cœur à son partenaire B. Il semblerait également que le sujet A soit plus mental que le sujet B, car le chakra frontal est au-delà des sens, et donc très mental, alors que le chakra du cœur est très affectif et sensible.

Si ces deux sujets forment un couple, le fait que leurs chakras du cœur ne se «rencontrent» pas peut nuire à leur relation. Il semble aussi que le sujet A idéalise beaucoup cette relation et son partenaire (toujours le chakra frontal du sujet A).

3ᵉ exemple d'attachement

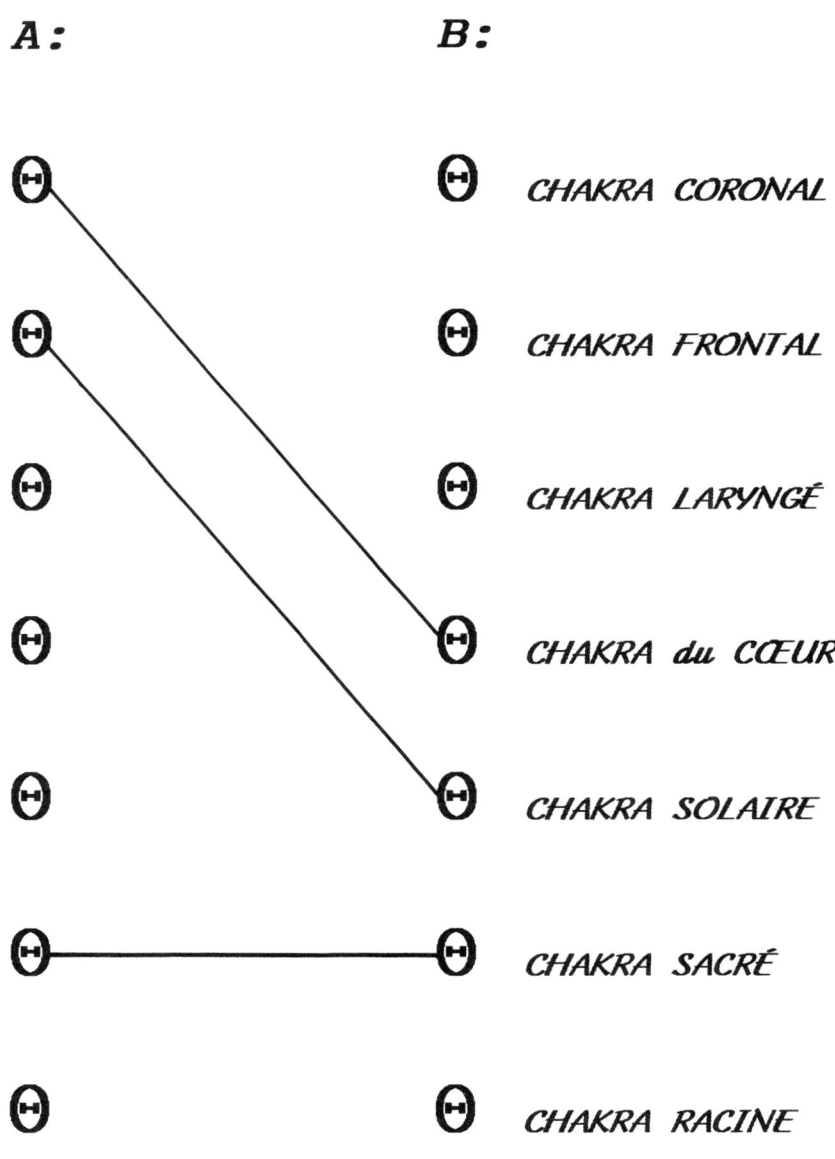

Pour ce troisième exemple d'attachement, remarquez tout d'abord le lien qui unit les chakras sacrés des deux sujets. Si ceux-ci forment un couple, il est probable que la rencontre de ces deux chakras débouchera sur la procréation, car le chakra sacré est celui des enfants et de la famille.

Ce lien qui relie les chakras sacrés est toutefois classique dans toute forme de relation, car il correspond à la première impression que l'on a d'une personne que l'on voit pour la première fois. C'est cette impression qui crée ce lien d'attachement entre les chakras sacrés. C'est aussi le premier lien à détruire dans toute forme d'attachement, car c'est celui qui réactualise le karma relationnel, venant de précédentes vies, entre deux personnes.

Dans cet exemple, nous voyons également le chakra coronal du sujet A relié au chakra du cœur du sujet B, ce qui signifie que le sujet A impose ses croyances sur l'amour au sujet B. Il est possible aussi que le sujet B donne envie au sujet A d'élever sa conception de l'amour. Le chakra coronal étant celui des croyances et de l'élévation spirituelle, c'est ce qui explique cet état de choses.

Enfin, vous remarquerez qu'un fil part du chakra frontal du sujet A pour aller au chakra solaire de son partenaire B, indiquant par là que le sujet B impose sa vision de la vie au sujet A puisque le chakra solaire, comme nous l'avons déjà vu, est celui qui domine et qui impose sa volonté.

Il se peut aussi que le sujet A aide le sujet B à y voir clair dans les conflits qui peuvent surgir avec d'autres personnes. Mais il faudrait, pour cela, que le sujet A dispose d'un chakra frontal assez clair, ce qui est assez rare. Cependant, si son intuition est bonne, cela peut largement compenser.

4ᵉ exemple d'attachement

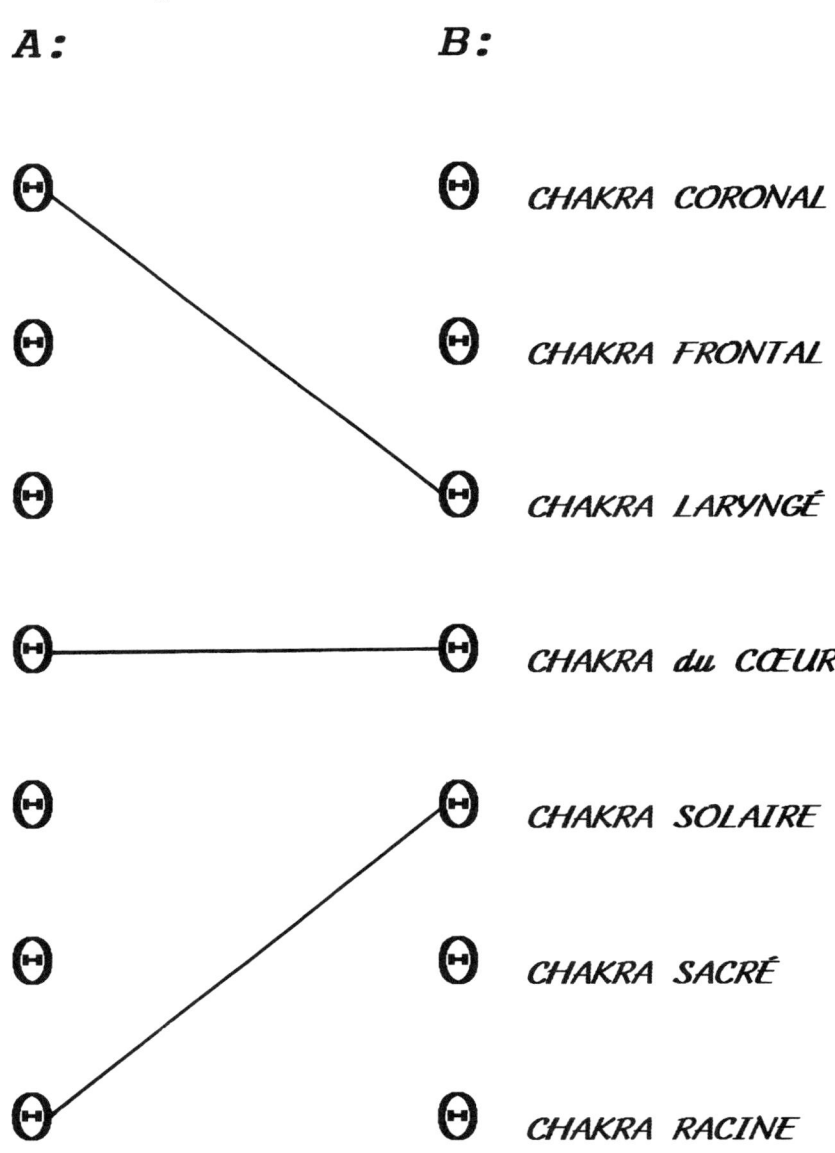

Dans ce quatrième exemple, vous remarquerez tout d'abord le lien qui unit les deux chakras du cœur. Ici, nous avons affaire à une histoire d'amour. Le fait qu'il s'agit d'un lien d'attachement indique qu'il y a de la friture sur la ligne et que vous ne vous trouvez pas en face d'un grand amour, mais d'un amour idéalisé. Malgré tout, ce lien cœur à cœur est le pivot autour duquel tourne cette relation.

Voyez également le lien qui unit le chakra racine du sujet A et le chakra solaire du sujet B. Il s'agit d'un rapport de force, mais il s'agit également d'une forte attraction.

Le sujet A se sécurise grâce à la force qu'il ressent, ou croit ressentir, chez son partenaire pendant que le sujet B se sent fort grâce à cette puissance qu'il déverse sur son partenaire pour l'épater. Il y a fort à parier que le sujet A est une femme alors que le sujet B est un homme.

L'attraction sexuelle est également évidente, avec le chakra racine du sujet A connecté au chakra solaire du sujet B. C'est le sujet A qui «allume» son partenaire, car la sexualité dépend du chakra racine.

Enfin, voyez le chakra coronal du sujet A qui rejoint le chakra laryngé du sujet B.

Le sujet A essaie d'influencer le sujet B par ses croyances ou par sa vision spirituelle. Le sujet B préfère l'intellect et l'analyse aux grandes visions inspirées de son partenaire.

On peut situer ici le cas d'une femme (sujet A) engagée dans une voie spirituelle, pendant que son partenaire reste assez distant et analytique par rapport à ce domaine.

Bien évidemment, ces interprétations restent fragmentaires mais elles illustrent des schémas courants qui peuvent vous aider à mieux comprendre le processus de l'attachement.

5ᵉ exemple d'attachement

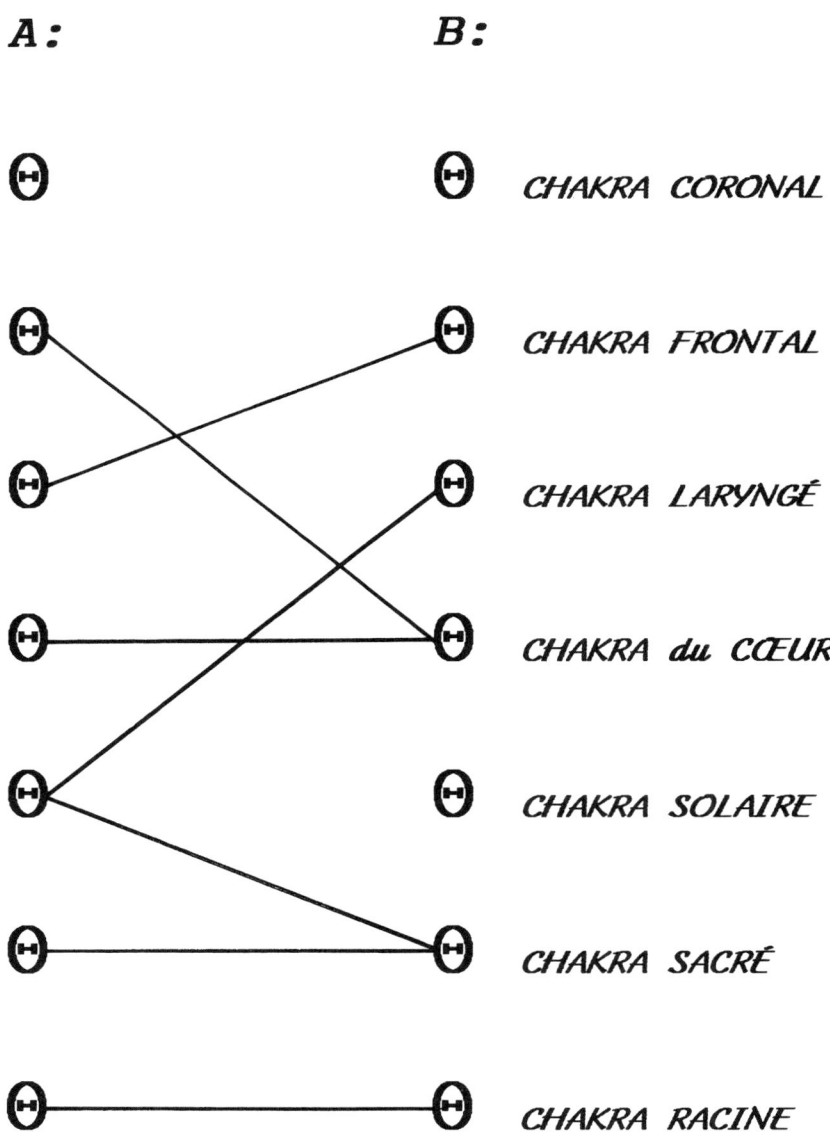

Ce cinquième exemple est un peu plus complexe. Il s'agit d'une relation parent-enfant. Ce schéma d'attachement est relativement classique, le sujet A étant le parent (la mère) et le sujet B, l'enfant.

Les deux chakras racine sont reliés, ce qui signifie que la mère (sujet A) sécurise son enfant (sujet B) et le protège, ce qui est normal. La qualité du fil d'attachement vous indiquera si la mère se contente de protéger l'enfant ou si elle l'«étouffe».

Ensuite, vous voyez les deux chakras sacrés qui sont reliés.

La mère nourrit son enfant physiquement avec de la nourriture, et psychiquement, avec de la tendresse et de l'affection. Là aussi, la qualité du fil d'attachement vous renseignera sur les types de «nourriture» fournis par la mère.

Vous voyez aussi un fil qui part du chakra solaire de la mère (sujet A) et qui aboutit au chakra sacré de l'enfant (sujet B). Il s'agit ici d'une forme de rapport courant, où une personne joue le rôle de celle qui commande pendant que l'autre «s'écrase» et joue la soumission. Ici, la mère semble prendre trop à cœur son rôle de personne qui dirige, pendant que son enfant risque de mettre un «masque» de gentil petit qui obéit complètement à sa maman. L'enfant ne pourra plus être lui-même si le détachement n'est pas effectué à temps.

Il y a un autre fil, qui va du chakra solaire de la mère au chakra laryngé de l'enfant. Ici encore, la mère abuse de son autorité et bloque, plus ou moins (selon la qualité du fil d'attachement), l'expression de l'enfant. N'osant plus être lui-même, l'enfant ne pourra plus communiquer d'une manière authentique.

Vous remarquerez un autre fil, entre les chakras du cœur des deux sujets, qui montre qu'il y a un véritable amour qui passe, même s'il est dénaturé par l'attachement. Quand surviendra le détachement, il pourra se créer un fil lumineux qui montrera un amour plus profond et plus inclusif.

En remontant vers les chakras supérieurs, vous remarquerez un fil qui part du chakra laryngé de la mère et qui aboutit au chakra frontal de l'enfant: par l'expression d'elle-même, la mère influence la vision de la vie qu'a son enfant. Si la mère a peur de communiquer, par exemple, l'enfant pensera que la vie et les gens sont dangereux. Et si la mère a tendance à imiter certaines personnes, l'enfant pensera que les gens sont faux, non authentiques, que c'est comme cela qu'il faut être dans le monde, etc.

À noter enfin un dernier fil, qui part du chakra frontal de la mère pour aller au chakra du cœur de l'enfant. Ce rapport signifie que la mère projette son idéalisation de l'amour sur son enfant, qui adoptera sans doute la vision de l'amour de sa mère. Plus tard, cet enfant sera très idéaliste en amour. Si c'est un homme, il cherchera la femme idéale pouvant lui faire vivre un amour idéal..., qu'il ne rencontrera, bien évidemment, jamais.

Cette interprétation est incomplète et elle ne tient pas compte de la qualité des fils relationnels qui unissent les deux sujets et qu'il faudrait connaître pour donner un bilan plus exact et plus détaillé de cette relation. Mais cet exemple illustre assez bien comment fonctionne une relation. En effet, il existe toujours de nombreux fils d'attachement entre deux personnes proches affectivement l'une de l'autre.

Les premiers exemples étaient réduits à leur plus simple expression, afin de vous familiariser avec ce concept des fils d'attachement, alors que le dernier est beaucoup plus proche de la réalité telle qu'on la rencontre lorsqu'on pratique la lecture psychique des fils relationnels.

6ᵉ exemple d'attachement

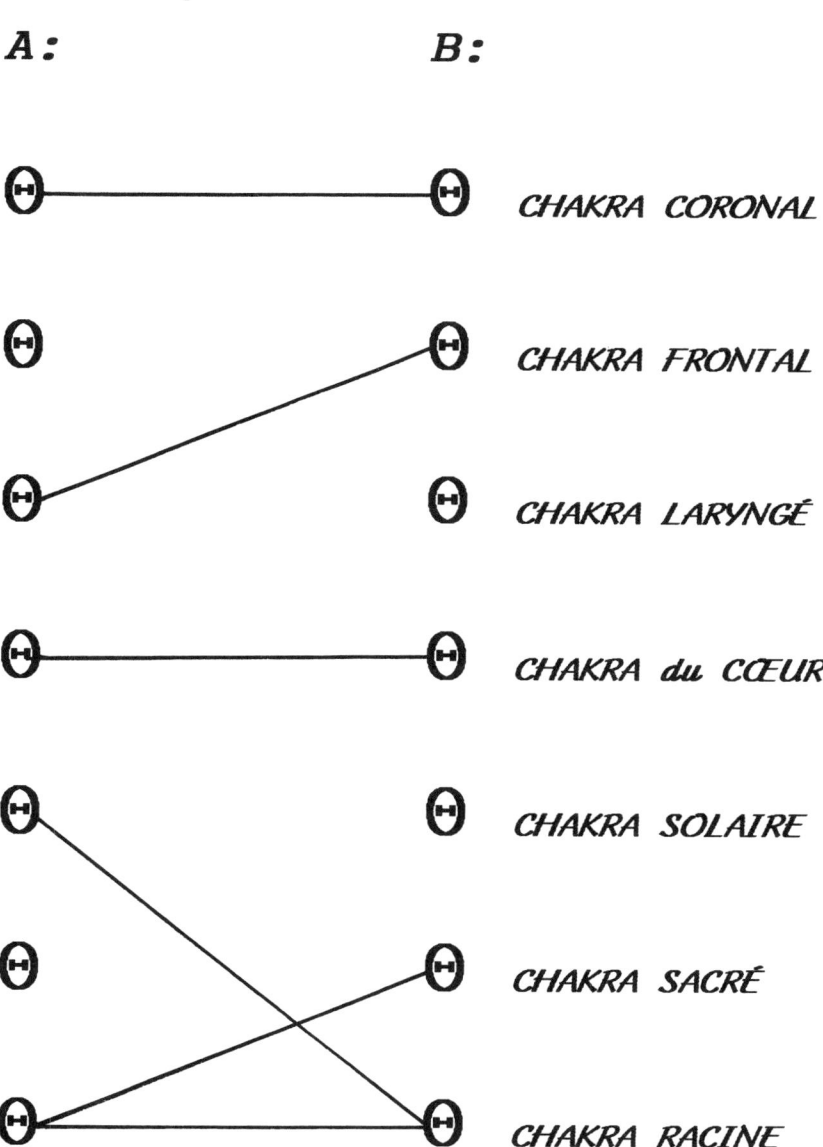

Avec cette sixième illustration, vous avez un autre exemple complet de fils d'attachement, mais qui relient cette fois un couple. Le sujet A est un homme et le sujet B, une femme.

Tout d'abord, remarquez le fil unissant les deux chakras racine, ce qui indique que ces deux personnes se sécurisent l'une l'autre. De plus, elles attachent beaucoup d'importance aux relations sexuelles, ce qui cimente leur relation. Ce fait est confirmé par le lien qui relie le chakra racine de l'homme (sujet A) et le chakra sacré de la femme (sujet B). Ce lien est le signe d'une bonne entente sexuelle, car il permet à l'énergie de circuler entre les deux premiers chakras, qui associent la sexualité à la sensualité et au plaisir. Bien évidemment, la qualité du fil d'attachement vous indiquera si les rapports sexuels sont basés sur les fantasmes des partenaires ou s'il existe un certain respect de l'un envers l'autre.

Remarquez ensuite le lien qui part du chakra solaire de l'homme pour aboutir au chakra racine de la femme. Ce lien illustre un certain rapport de force et une puissante attraction, associés à ce qui a déjà été écrit précédemment. L'homme se sert de sa force pour sécuriser et séduire sa compagne. Comme c'est un fil d'attachement, ce rapport peut aller jusqu'à la violence, selon la qualité du fil.

Il y a aussi un fil qui relie les deux chakras du cœur, ce qui confirme que les deux personnes sont bien tombées amoureuses l'une de l'autre, mais avec toutes les projections et les attentes habituelles inhérentes à ce fil d'attachement.

Vous voyez également un fil qui part du chakra laryngé de l'homme pour aller au chakra frontal de la femme. L'homme est plus pratique et concret que la femme, qui est plus rêveuse et idéaliste. Ces deux personnes peuvent relativement se compléter ou s'énerver mutuellement, selon la qualité du fil d'attachement.

Il est également possible que la femme inspire l'homme si celui-ci fait un travail créateur ou s'il assume certaines responsabilités. La femme peut aussi essayer d'imposer sa vision de la vie à l'homme, ce qui influencera sa communication et son expression.

Enfin, vous remarquerez un fil qui relie les deux chakras coronaux et qui montre que les deux personnes ont des croyances communes: religieuses, philosophiques ou spirituelles. Elles peuvent également partager une quête spirituelle.

J'espère que cette interprétation, quoique succinte, vous apportera quelques éléments supplémentaires dans la compréhension du fonctionnement de l'être humain en couple.

Ne croyez pas que ce qui lie deux êtres humains ne soit que négatif. Il y a toujours une part de karma positif, comme il y a une part de karma négatif dans toute forme de relation; c'est ce que l'on appelle le «karma relationnel».

Les fils d'attachement représentent le karma négatif qu'il reste à purger ou à transformer, pour permettre l'évolution des deux personnes en présence et pour en finir avec le karma relationnel.

Mais on pourrait également présenter les relations sous un angle différent, en faisant intervenir à la fois, les aspects positifs et négatifs qui unissent les chakras de deux personnes.

Sur les pages suivantes sont reproduits trois modèles vierges, afin que vous puissiez vous en servir lors de vos premiers détachements.

Exemple d'attachement

A :   **B :**

⊖   ⊖ *CHAKRA CORONAL*

⊖   ⊖ *CHAKRA FRONTAL*

⊖   ⊖ *CHAKRA LARYNGÉ*

⊖   ⊖ *CHAKRA du CŒUR*

⊖   ⊖ *CHAKRA SOLAIRE*

⊖   ⊖ *CHAKRA SACRÉ*

⊖   ⊖ *CHAKRA RACINE*

Exemple d'attachement

A :   **B :**

☉   ☉ *CHAKRA CORONAL*

☉   ☉ *CHAKRA FRONTAL*

☉   ☉ *CHAKRA LARYNGÉ*

☉   ☉ *CHAKRA du CŒUR*

☉   ☉ *CHAKRA SOLAIRE*

☉   ☉ *CHAKRA SACRÉ*

☉   ☉ *CHAKRA RACINE*

Exemple d'attachement

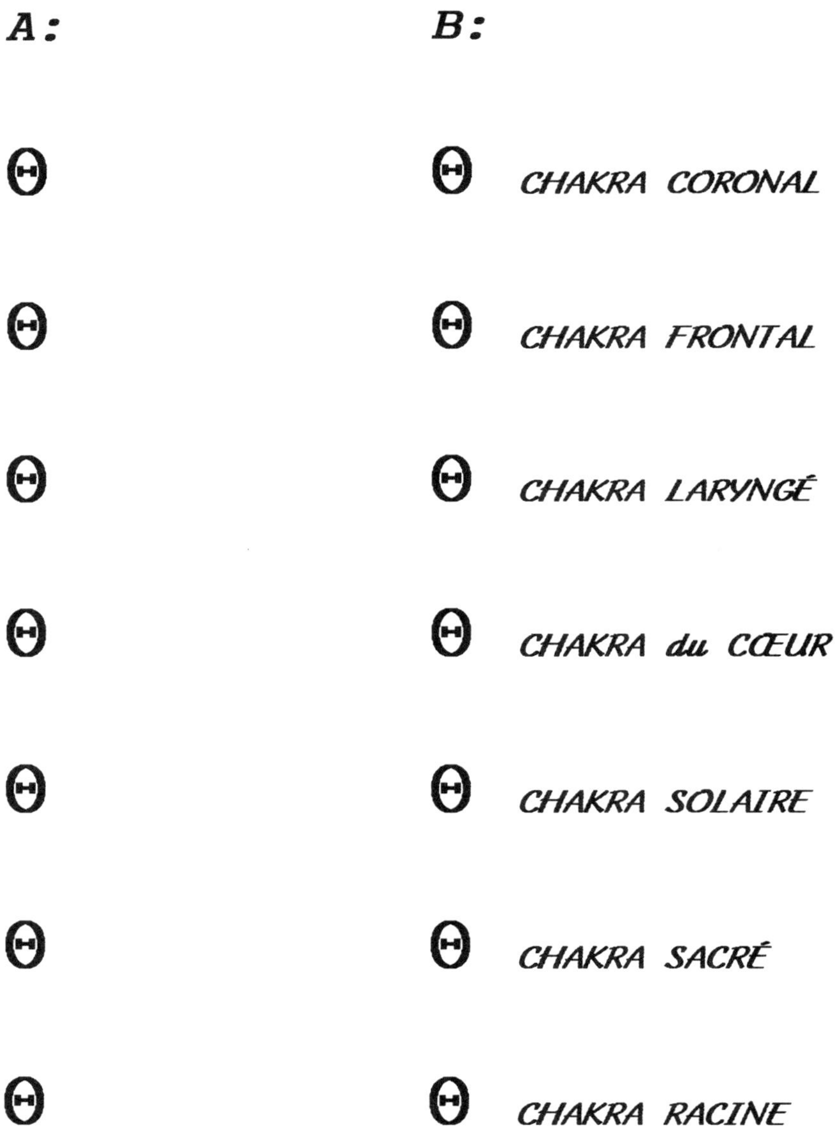

A : **B :**

☉ ☉ *CHAKRA CORONAL*

☉ ☉ *CHAKRA FRONTAL*

☉ ☉ *CHAKRA LARYNGÉ*

☉ ☉ *CHAKRA du CŒUR*

☉ ☉ *CHAKRA SOLAIRE*

☉ ☉ *CHAKRA SACRÉ*

☉ ☉ *CHAKRA RACINE*

Le pardon et le détachement 77

La technique du détachement

Maintenant que vous avez effectué la lecture psychique des fils relationnels et que votre partenaire a représenté ceux-ci à partir des exemples fournis dans les pages précédentes, il vous reste à pratiquer la technique du détachement.

Processus du détachement

1° Avec votre partenaire toujours devant vous, fermez les yeux et visualisez correctement la personne avec laquelle vous avez effectué le processus du pardon et la lecture des fils relationnels. Placez votre conscience dans votre chakra du cœur.

2° Demandez à votre partenaire de vous guider et de vous indiquer quel est le premier fil relationnel à détacher. Procédez de bas en haut, du chakra racine au chakra coronal.

3° Concentrez-vous sur ce premier fil, en visualisant bien le chakra duquel il part chez vous et celui où il aboutit chez l'autre personne. Puis, sur une **expiration**, déconnectez ce fil de votre chakra (visualisez-vous en train de le faire) et voyez l'autre personne faire de même.

4° Brûlez maintenant ce fil dans la terre en en ressentant une grande libération. Si le fil est difficile à détacher, utilisez votre imagination créatrice pour vous doter d'outils performants afin d'en venir à bout: rayon laser, lance-flammes, etc. Ensuite, passez au fil suivant.

5° Lorsque tous les fils ont été détachés et brûlés dans la terre (n'oubliez pas que c'est la fonction de la terre d'absorber et de transformer), ressentez-en une grande libération et visualisez-vous sous une douche de lumière, afin de vous purifier et de vous régénérer.

6° Exprimez votre gratitude envers l'Univers. Vous pouvez vous visualiser en train de danser ou de chanter, ce que vous pouvez faire réellement.

7° Écrivez une lettre afin d'exprimer positivement tout ce que ce détachement vous apporte, à vous et à l'autre personne, et ce que vous avez ressenti durant cette expérience. Mais n'envoyez pas cette lettre; elle servira juste d'ancrage pour que votre travail se manifeste pleinement.

8° Ne parlez pas de ce détachement à quiconque, et surtout pas à la personne concernée, afin de ne pas disperser l'énergie que vous avez mise dans ce travail, ce qui pourrait l'annihiler.

N.B. Il est possible que le détachement de certains fils soit douloureux. Ne vous inquiétez pas, ce n'est jamais grave. La douleur ne persiste pas. Vous pouvez réaliser votre propre guérison en faisant couler un baume vert sur le chakra en question afin de le remplir, ou vous pouvez demander à votre partenaire qu'il le fasse pour vous.

Ne vous étonnez pas si, après chaque détachement que vous faites, vous avez des nouvelles de la personne concernée par ce détachement. Il arrive parfois qu'une personne que l'on a perdue de vue depuis longtemps se manifeste alors, soit physiquement, soit par l'intermédiaire d'une lettre ou d'un coup de fil. Mais n'espérez tout de même pas faire revenir les morts avec cette technique!

Si vous avez pratiqué le détachement avec une personne que vous voyez régulièrement ou même quotidiennement (votre partenaire, par exemple), vous serez certainement témoin de quelques réactions, car la personne en question aura l'impression qu'il y a quelque chose de changé dans votre relation, sans savoir ce que c'est, et elle pourra s'en inquiéter. Rassurez-la à propos de votre amour pour elle, mais ne lui dites rien de votre travail psychique. Cette réaction est la meilleure preuve que votre détachement fonctionne. Ne vous sentez pas coupable. Vous l'avez fait pour améliorer votre relation avec cette personne, mais il faut être patient et attendre que le travail soit intégré par vous et par elle.

Il vous faudra également être conscient de ce qui doit être changé dans votre relation pour la faire évoluer, selon ce que les fils relationnels vous auront révélé. Cette prise de conscience exige une bonne connaissance des chakras. Vous devez comprendre que cela ne se fait pas en un jour.

Le pardon et le détachement sont deux techniques très efficaces. Elles peuvent vous débarrasser d'un karma relationnel avec une personne décédée, mais c'est beaucoup plus délicat avec la personne qui partage votre vie. Cela demande du temps et de la conscience.

Il vous faudra pratiquer régulièrement le pardon et le détachement afin de faire progresser, lentement mais sûrement, votre relation vers l'amour inconditionnel et la lumière.

Décrivez maintenant votre expérience de détachement.

Chapitre 4
Tout se joue en trois ans!

Pour réaliser une évolution spirituelle en couple, il est important de travailler sur ses énergies intérieures yin et yang. La relation de couple fonctionne soit sur l'harmonie, soit sur le conflit entre les énergies féminines ou yin et les énergies masculines ou yang.

Comme nous l'avons mentionné dans un précédent chapitre, ce que l'on rencontre à l'extérieur n'est que le reflet de ce qu'on projette. Il est donc important que tout soit clair en nous afin d'attirer à l'extérieur des relations équilibrées.

Rappelez-vous qu'il faut toujours commencer par l'intérieur. L'erreur monumentale que commettent les gens lorsqu'ils recherchent l'amour consiste en ce qu'ils commencent par une recherche extérieure avant d'être prêts intérieurement.

Avant de chercher à l'extérieur un partenaire avec lequel on pourra créer un couple, il faut équilibrer ses énergies masculine et féminine à l'intérieur de soi. Ce n'est que lorsque la personne est un être accompli et équilibré intérieurement qu'elle peut créer une relation adulte et harmonieuse extérieurement.

Si vous commencez par une recherche extérieure, vous attirerez une personne qui aura les mêmes problèmes et les mêmes déséquilibres énergétiques que vous, ce qui ne fera qu'amplifier les difficultés. Il en résultera une relation insatisfaisante qui aboutira à la séparation ou, pire encore, à une relation névrotique comme il en existe malheureusement beaucoup dans le monde. Dans ce type de relation, il n'y a plus de véritable intimité dans les couples, tellement chacun a appris à se composer un masque. Or, sans authenticité ni intimité, il ne peut exister de couple véritable, et c'est alors la porte ouverte à la relation névrotique.

Qu'est-ce que la névrose?

La névrose apparaît lorsque la personne sépare son «ressenti» ou ses émotions de ses pensées. C'est la coupure entre le mental et les émotions, ou les sensations du corps.

Aujourd'hui, la plupart des gens se coupent de leurs émotions en se fabriquant et en portant un masque le plus idéal possible. Ils s'enferment dans le corps d'un personnage névrotique, incapable de vivre une relation véritable. Ces gens ne pourront se sortir de cette situation que par un intense travail sur soi, qui demandera beaucoup de courage et d'humilité.

En résumé, si vous voulez vraiment vivre une relation enrichissante et évolutive, préparez-vous-y. Travaillez sur vous. Apprenez à vous connaître. Et n'agissez pas superficiellement. Engagez-vous dans une voie spirituelle afin de comprendre vraiment qui vous êtes et de prendre conscience de ce que vous avez à offrir à l'autre et à l'humanité.

Travaillez à l'ouverture de votre chakra du cœur afin de retrouver la source d'amour qui est en vous. Et, laissez couler cette source sur l'humanité. Alors, vous rencontrerez une personne qui sera votre parfait complément et qui partagera avec vous cet amour du cœur.

Vous vivrez un «grand amour», tout simplement parce que vous n'en n'aurez plus besoin! Voilà le secret.

Tant que vous aurez besoin d'un partenaire pour vous combler, vous n'aurez jamais accès à l'amour inconditionnel. Ce n'est que lorsque vous pourrez fonctionner seul que pourra couler votre source d'amour qui vous remplira et vous comblera, et que vous aurez accès à l'amour inconditionnel, lequel se manifestera sous les traits d'un partenaire potentiel. Difficile à avaler, n'est-ce pas? Mais l'amour inconditionnel n'est pas pour les personnes infantiles ou puériles; il est réservé aux adultes. Ce n'est pas une question d'âge, mais de sagesse et d'évolution. En d'autres termes, c'est une question de niveau de conscience. (Je reviendrai sur cet aspect dans le chapitre traitant de l'ouverture du cœur.)

Peut-être vous demandez-vous quelle est l'origine de tout ce qui vous empêche d'exprimer totalement ce que vous êtes et de laisser couler votre source d'amour. Cela vient de votre enfance, car tout se joue dans cette étape de la vie, ne l'oubliez pas.

Retenez tout d'abord que l'enfance n'est que la conséquence de votre karma et de vos vies passées. Selon les actes qui ont marqué ces vies, votre âme choisit d'expérimenter certaines situations dans une nouvelle vie.

Selon votre karma, vous serez attiré vers telle ou telle famille qui sera en accord avec votre karma. Vous vous incarnerez dans une famille dont les membres présentent des similitudes de schémas karmiques par rapport à vous. Ainsi, durant votre enfance, vos parents vont vous aider à réactualiser vos schémas karmiques, ce dont ils ne sont pas conscients, bien évidemment. Tout cela est automatique et résulte de la loi du karma.

Prenons un exemple afin d'y voir plus clair. De vos vies passées, vous avez ramené un schéma karmique négatif du point de vue de la créativité et vous vous incarnez dans une famille où il n'y a personne qui soit créateur. Durant votre enfance, vous faites un jour un dessin. Tout fier, vous allez le montrer à votre père pour qu'il vous félicite. Pris par ses affaires à ce moment-là, celui-ci n'accorde qu'un vague regard à votre chef-d'œuvre. Vous en concluez que la créativité n'a aucun intérêt et que vous n'êtes pas doué pour cela. Et voilà: le schéma karmique passé est réactualisé dans la présente existence. Si vous ne travaillez pas sur vous, vous ne prendrez jamais conscience de votre créativité, qui est bloquée.

Prenons un autre exemple. Durant de nombreuses vies, mais parmi les plus récentes, vous avez vécu des abandons, venant surtout des hommes. Vous vous incarnez dans la vie présente avec ce schéma karmique, en tant que petite fille. Au cours de votre enfance, votre père quitte votre mère alors que vous êtes à peine âgée de deux ans. Le schéma karmique s'est réactualisé. Une fois adulte, vous vivrez des relations avec des hommes qui vous laisseront tomber au bout de deux ans. Si vous n'en êtes pas consciente et que vous ne travaillez pas sur vous, vous ne pourrez jamais vivre une relation épanouissante et durable.

Il ne s'agit là que d'un bref aperçu du mode de fonctionnement des schémas karmiques. Je pourrais donner des exemples à l'infini, mais cela ne servirait pas à grand chose. Je préfère plutôt vous expliquer les bases du travail à effectuer sur l'enfance, car il constitue un excellent moyen de régler ses problèmes relationnels.

Les trois périodes de l'enfance

Tout se joue en trois ans, ainsi que l'affirme le titre du présent chapitre. La personnalité est constituée de trois corps, qui correspondent à trois niveaux de conscience. Durant les trois premières années de l'enfance, l'être humain passe par chacun de ces trois plans de conscience, qui sont en analogie avec les trois premiers chakras et avec les trois corps constituant la personnalité: éthérique, astral et mental.

Voyons cela d'un peu plus près.

- Le premier plan de conscience est en analogie avec le chakra racine, situé au niveau du bas-ventre, ainsi qu'avec le corps physico-éthérique. Par rapport à l'enfance, ce plan correspond à peu près à la première année de la vie ou, pour être plus précis, à la période s'étendant **de la naissance jusqu'à ce que le bébé se mette à marcher, soit entre dix et dix-huit mois, selon le cas.**

Les mots clés de cette «première année» de vie sont:

Existence, Sécurité, Symbiose, Nourriture, Toucher

Durant les premiers mois de sa vie, le bébé est indifférencié. Il fait «un» avec sa mère et il ressent, plus ou moins, la symbiose. Ses besoins fondamentaux sont en relation avec le chakra racine (voir les mots clés ci-dessus), et leur satisfaction dépend entièrement de la mère.

L'enfant éprouve ce que sa mère éprouve et il ressent à son propre égard ce que sa mère ressent pour lui. L'attitude de la mère est fondamentale durant cette période. Elle doit s'aimer, accepter chaque partie de son corps et se percevoir positivement afin de transmettre cette perception à son enfant. L'enfant fonctionne essentiellement de façon instinctive.

Si vous avez mal vécu cette étape de votre vie, vous aurez un problème existentiel, qui sera souvent lié à une insécurité transmise par votre mère ainsi qu'à une faible sensation de symbiose. Cette carence se répercutera sur votre vie sexuelle, qui n'est rien d'autre que le besoin de recréer, avec plus ou moins de bonheur, la symbiose que vous avez vécue avec votre mère durant les premiers mois de votre vie. Vous éprouverez peut-être également de l'insatisfaction au niveau du toucher, soit en ressentant un grand besoin d'être touché, soit en refusant tout contact, ainsi qu'au niveau de vos besoins nourriciers, ce qui peut amener des problèmes comme la boulimie ou le tabagisme.

J'ai tracé ici les grandes lignes de ce que constitue un travail sur l'enfance, afin que vous puissiez vous faire une idée globale de l'importance de celui-ci.

Pour une étude plus approfondie de l'enfance, je vous conseille l'ouvrage de Marie-Pascale RÉMY, *Retrouvez votre Enfant Intérieur,* chez le même éditeur.

- Le deuxième plan de conscience est en analogie avec le chakra sacré, situé légèrement sous le nombril, ainsi qu'avec le corps astral, le corps des émotions et des désirs. Par rapport à l'enfance, ce plan correspond à la deuxième année de vie, c'est-à-dire **à la période comprise entre le moment où l'enfant commence à marcher et celle où il commence à parler et à s'affirmer**.

Les mots clés de cette «deuxième année» de vie sont:

Relation, Amour, Expérimentation, Distinction, Sensation

À partir du moment où il commence à marcher, l'enfant indique qu'il a suffisamment expérimenté la symbiose avec sa mère et qu'il se sent maintenant distinct d'elle.

Il est donc prêt à explorer son monde et à aller vers les autres. Il explore ce monde extérieur avec beaucoup d'attention.

Tous ses sens en éveil, il découvre la vie. Il commence à aller vers son père, et les deux parents sont alors aussi importants l'un que l'autre pour l'enfant. La relation qui existe entre ses parents fournira à l'enfant un modèle de ce que doit être une relation de couple.

En résumé, si vous voulez savoir d'où vous vient votre conception du couple, reportez-vous à votre enfance dans votre «deuxième année» de vie. Revoyez comment vos parents vivaient leur expérience de couple pour savoir ce qu'il en est. Bien sûr, il faut pouvoir se rappeler ces faits. Les lectures concernant l'enfant intérieur et les régressions dans l'enfance peuvent vous aider dans ce sens.

À ce stade, les parents inoculeront à leur enfant leur vision du couple et de l'amour. Bien évidemment, il serait grotesque de faire semblant de vivre le «grand amour» devant l'enfant, tout en se chamaillant dans son dos. Les adultes prennent souvent leurs enfants pour des imbéciles.

N'oubliez pas que les enfants perçoivent bien mieux que les adultes les états d'âme des gens, surtout ceux qu'ils aiment (père et mère, notamment). Inutile de leur cacher quoi que ce soit, car ils interpréteront cela comme un manque de confiance et, plus tard, ils deviendront extrêmement méfiants à l'égard de la vie et de tout le monde.

La «deuxième année» est donc une période délicate, car c'est là que se joue la future vie relationnelle de la personne. C'est aussi durant cette période que la peur de l'abandon risque de s'inscrire dans l'inconscient.

> **Il s'agit de la plus mauvaise période pour engendrer un nouvel enfant, car, dans la majorité des cas, le premier enfant vivra l'arrivée du petit frère ou de la petite sœur comme un abandon.**

Bien souvent, les parents ne rassureront pas assez leur premier enfant, et celui-ci se sentira rejeté. Plus tard, dans sa vie d'adulte, il se placera toujours dans une situation affective où on lui préférera une autre personne après une relation de deux ans, soit l'âge qu'il avait au moment où son petit frère ou sa petite sœur est arrivé. Et on reproduit allègrement son petit schéma préféré!

Si vous avez mal vécu votre «deuxième année» de vie, vous aurez un problème affectif causé par la peur d'être abandonné et trahi par ceux que vous aimez. Vous vivrez des difficultés relationnelles de toutes sortes, transmises par la vision du couple et de l'amour qu'avaient vos parents. Vous aurez un énorme besoin qu'on vous aime et qu'on s'occupe de vous. Vous vous apitoierez sur votre sort et vous serez jaloux et possessif. Afin que votre vie corresponde parfaitement à vos schémas sur le couple et sur l'amour, vous vous attacherez les gens que vous aimez mais vous serez tellement «collant» que ceux-ci vous rejeteront au bout d'un certain temps.

- Le troisième plan de conscience est en analogie avec le chakra solaire ainsi qu'avec le corps mental. Par rapport à l'enfance, ce plan correspond à la troisième année de vie, c'est-à-dire à la **période comprise entre le moment où l'enfant commence à parler et à s'affirmer, jusqu'à l'âge de trois ans, trois ans et demi**. (Ce que j'entends par «parler», c'est construire des phrases.) Les mots-clés de cette «troisième année» de vie sont:

Identité, Confiance, Reconnaissance, Valeur, Affirmation

C'est durant cette période que l'enfant doit percevoir son «Je Suis», c'est-à-dire son identité par rapport au monde extérieur. C'est aussi à partir de cette période qu'il commence à avoir conscience de lui-même et qu'il commence à avoir des souvenirs personnels.

C'est son père qui doit l'aider à définir son identité et à la ressentir, car le père représente, pour l'enfant, le monde extérieur, la vie sociale. Durant cette période, l'enfant demande beaucoup d'attention. Son père doit donc le reconnaître comme un être unique et important à ses yeux, tout en lui présentant une image affirmée et responsable dans la vie afin que son enfant puisse s'en inspirer.

N'oubliez pas que l'enfant ne sait qu'imiter. Il tire tout du comportement de ses parents. Pour développer sa confiance en lui, il doit avoir comme modèle un père fort et sûr de lui.

Si son père ne lui accorde pas assez de temps, l'enfant pensera qu'il n'est pas important et qu'il ne mérite pas qu'on s'intéresse à lui, ni qu'on lui donne de l'amour. Vous pouvez facilement imaginer ce qui en résultera dans ses relations à l'âge adulte.

À cet âge, l'enfant a besoin qu'on l'accepte tel qu'il est et qu'on le mette en valeur afin qu'il ait confiance en lui et dans le monde extérieur.

Les parents ne doivent pas avoir d'attentes vis-à-vis de leur enfant, car celui-ci essaierait d'y répondre par tous les moyens pour être aimé; il se créerait un «masque» et deviendrait un gentil petit garçon ou une gentille petite fille complètement dépourvu d'authenticité.

Il est également important de ne pas mentir à l'enfant durant cette période, sinon il perdra confiance dans les adultes et plus tard, il sera très méfiant à l'égard d'autrui.

L'enfant doit également ressentir sa force intérieure durant cette «troisième année». Si ses parents l'empêchent de le faire, il se sentira impuissant, ce qui le rendra coléreux.

Si vous avez mal vécu votre «troisième année» de vie, vous aurez un problème d'identité et de valeur, avec un énorme besoin de reconnaissance de la part d'autrui et de très fortes attentes dans ce sens. Vous ne serez donc pas authentique et vous vous sentirez impuissant dans les rapports de force. Vous vous mettrez facilement en colère et vous aurez envie d'écraser ou de manipuler les gens; ou alors vous vous soumettrez afin de passer pour un gentil petit monsieur ou une gentille petite dame.

Résumé des trois périodes reliées au relationnel

- La période directement reliée au relationnel est la «deuxième année» de vie, car c'est à cette époque que s'inscrit votre vision du couple et de l'amour, par l'intermédiaire de la relation dont vous êtes témoin, soit celle de vos parents.

- La «première année» concerne la vie individuelle, la «deuxième année», la vie relationnelle, à deux, ou le couple, alors que la «troisième année» représente la vie sociale, ou les relations avec les autres.

- La «première année» est liée au relationnel surtout par rapport à la sexualité (selon la façon dont vous avez vécu la symbiose avec votre mère) et au toucher (qui vous permet d'habiter votre corps et d'en percevoir les contours).

- La «troisième année» est celle qui correspond à la capacité de s'affirmer et de ressentir son identité. Bien développées, ces qualités permettront l'authenticité, l'individualisation, la confiance et l'intimité.

- Un travail approfondi sur ces trois premières années de l'enfance, accompagné de lectures psychiques et de régressions, peut vous aider à prendre conscience de tout ce qui vous empêche de vivre des relations épanouissantes et évolutives. Vous pourrez ainsi transformer votre enfance.

Il n'est pas trop tard pour se recréer une enfance.

> **Vous ne pouvez pas changer le passé mais vous pouvez vous en servir afin de changer le présent.**

La phrase ci-dessus constitue la base du travail que je vous propose. L'enfant que vous avez été a été blessé, car il n'a pas eu les parents qui lui auraient permis de s'épanouir à l'âge adulte.

Ce n'est pas grave. Tout est encore possible.

Tout d'abord, il ne sert à rien d'accuser qui que ce soit.

Ce n'est ni la faute de vos parents, ni du destin, ni de votre karma, si les choses sont ce qu'elles sont. Chacun est responsable de la situation dans laquelle il s'engage. Assumez vos responsabilités. En revanche, vous aurez le droit, et le libre arbitre, de vous en sortir et de modifier tout ce qui peut l'être. Alors, allez-y!

Je vous propose à ce sujet deux lectures psychiques complémentaires: celles portant sur l'«Enfant Intérieur» et le «Parent Intérieur». Il serait souhaitable que, pour la première fois, vous les fassiez en compagnie d'un partenaire intéressé par ce travail sur l'enfance.

Tout d'abord, voyons à quoi correspondent ces personnages intérieurs: ils sont complémentaires au «couple intérieur», l'homme et la femme intérieurs, dont nous avons parlé dans le chapitre portant sur le miroir.

Il s'agit d'une autre approche qui tient compte de l'enfance alors qu'avec le «couple intérieur», vous ne travailliez que d'après le présent.

À quoi correspond le Parent Intérieur?

Il représente l'image que vous vous faites de l'adulte.

Quelle idée vous faites-vous de l'adulte que vous devez être? Quels comportements, selon vous, devez-vous adopter pour être considéré comme un adulte?

C'est à ces questions que répond le Parent Intérieur. Le Parent est le complément de l'Enfant.

L'Enfant Intérieur représente l'image que vous vous faites de votre enfance. Il vous montre tout ce que vous n'avez pas «digéré» de cette période. Sur quoi vous êtes resté bloqué.

Le Parent symbolise votre côté yang, social, extérieur, affirmé, en analogie avec le Soleil et l'Homme Intérieur. L'Enfant symbolise votre côté yin, privé, intérieur, vulnérable, en analogie avec la Lune et la Femme Intérieure.

Ces personnages intérieurs correspondent réellement à des énergies qui sont en vous, dans certains chakras, et qui vous empêchent d'exprimer ce que vous êtes. Le piège est que cette approche peut paraître un jeu alors que c'est bien plus que cela: c'est un moyen d'accéder à votre réalité intérieure.

Le Parent et l'Enfant sont complémentaires mais, chez la plupart des gens, ils s'opposent ou s'ignorent.

— Ils s'opposent lorsque le Parent Critique empêche l'Enfant de s'exprimer et d'être lui-même: c'est le comportement de tendance mental;

— Ils s'ignorent lorsque le Parent Altruiste s'occupe d'autres enfants que les siens et qu'il oublie son propre Enfant: c'est le comportement de tendance émotionnel.

Voici les éléments que le Parent doit apporter à l'Enfant:

- L'aspect nourricier: physique (nourriture, toucher, soins divers), émotionnel (amour, attention).

- L'aspect protecteur: physique (attention et utilisation adéquate du corps physique), psychique (définir son espace, ses limites, ses «marques»).

- L'aspect relationnel: amour, confiance, intimité, authenticité, le fait d'être important aux yeux du parent.

- L'aspect identité: définir le «Je Suis», ressentir son unicité, prendre sa place dans le monde, exprimer ce qu'il ressent.

Comme vous avez pu le remarquer, ces aspects sont les mêmes que ceux qui concernent les parents vis-à-vis de leur enfant «extérieur», durant les trois premières années de son existence:

- aspects nourricier et protecteur durant la première année;
- aspect relationnel durant la deuxième année;
- aspect identité durant la troisième année.

L'Enfant Intérieur pourra alors exprimer ses qualités: l'innocence, la vulnérabilité, l'émerveillement, la spontanéité, l'unicité, le ressenti du «Je Suis», l'espoir, la foi, l'optimisme, l'enjouement, la créativité, l'action dans le présent, la concentration, la joie et l'amour.

En associant ces deux aspects en vous (parent et enfant) de façon qu'ils s'équilibrent, vous pourrez entamer une guérison de votre enfance.

Il est important d'intégrer ces deux aspects. Une fois l'enfant devenu adulte, il doit pouvoir utiliser à bon escient ses qualités «enfantines» associées à ses qualités d'«adulte» pour équilibrer ses énergies intérieures, de la même manière qu'il doit équilibrer l'Homme et la Femme Intérieurs.

Lecture psychique de l'Enfant Intérieur Vulnérable

Effectuez ce travail avec un partenaire qui pourra vous guider. Vous irez à la rencontre de votre Enfant Intérieur Vulnérable, et votre partenaire vous aidera en vous indiquant ce que vous devez faire à chaque étape. Il est important que vous vous laissiez vraiment aller durant ce travail et que vous acceptiez votre vulnérabilité. Si des émotions remontent, laissez les s'exprimer et libérez-vous-en.

Les cicatrices de l'enfance ne pourront se refermer définitivement que lorsque vous aurez évacué les émotions qui y sont reliées.

Ce travail est émotionnel, qu'on se le dise! Si vous le pratiquez en restant dans votre mental, vous en retirerez quelques informations supplémentaires, mais il n'y aura pas de guérison possible.

Demandez à votre partenaire qu'il note tout ce que vous direz pendant cette lecture, ou alors enregistrez-la.

1° Intériorisez-vous, fermez les yeux et respirez lentement et profondément, en prenant votre temps.

2° Placez votre conscience dans votre chakra sacré.

3° Visualisez votre chakra sacré comme une spirale de lumière, qui tourne dans le sens des aiguilles d'une montre. Puis faites comme si vous plongiez dedans...

4° Vous vous retrouvez dans un cadre naturel où vous allez rencontrer votre Enfant Intérieur Vulnérable.

5° Appelez-le doucement, demandez à le rencontrer. Soyez calme, patient et sincère en l'attendant.

6° Lorsqu'il est devant vous, posez-lui quelques questions:
- *Comment t'appelles-tu?*
- *Quel âge as-tu?*
- *Comment te sens-tu?*
- *Peux-tu me parler de toi?*
- *Qu'est-ce qui t'est arrivé?*
- *De quoi as-tu besoin? etc.*

7° À la fin, encouragez-le à s'exprimer davantage; puis, faites-lui un gros câlin et remerciez-le. Dites-lui que vous reviendrez le voir régulièrement (si vous le ressentez vraiment).

8° Exprimez votre volonté de sortir du chakra sacré et laissez les images disparaître. Exprimez votre gratitude envers l'Univers.

Ma rencontre avec mon Enfant Intérieur Vulnérable

Les circonstances de la rencontre:

Les questions:
- *Comment t'appelles-tu?*

- *Quel âge as-tu?*

- *Comment te sens-tu?*

— *Peux-tu me parler de toi?*

— *Qu'est-ce qui t'est arrivé?*

— *De quoi as-tu besoin?*

Autres questions:

Conclusion de la rencontre:

Les leçons que je tire de cette expérience:

Vous pouvez maintenant guider votre partenaire dans cette même lecture psychique.

Il faudra revenir régulièrement à la rencontre de votre Enfant Intérieur afin de pénétrer de plus en plus profondément en vous-même et de percevoir clairement les problèmes de votre enfance. Mais il vous faudra associer cette lecture psychique à celle du Parent Intérieur que je vous propose ci-dessous.

Lecture psychique du Parent Intérieur

Procédez selon le même principe que pour la lecture psychique de l'Enfant Intérieur Vulnérable. Cette fois, vous allez rencontrer votre propre Parent Intérieur, et votre partenaire va encore vous guider tout au long des différentes étapes de votre lecture.

Comme précédemment, demandez à votre partenaire qu'il note tout ce que vous direz pendant la lecture, ou encore enregistrez-la.

1° Intériorisez-vous, fermez les yeux, et respirez lentement et profondément en prenant votre temps.

2° Lorsque vous vous sentirez suffisamment relaxé et intériorisé, placez votre conscience dans votre chakra sacré.

3° Visualisez votre chakra sacré comme une spirale de lumière qui tourne dans le sens des aiguilles d'une montre. Puis, plongez dedans...

4° Vous vous retrouvez maintenant dans un cadre naturel où vous allez rencontrer votre Parent Intérieur.

5° Appelez-le, demandez à le rencontrer.

6° Lorsqu'il est devant vous, saluez-le et regardez dans quel environnement il évolue, ce qui peut vous apporter de précieuses informations.

7° Posez-lui ensuite quelques questions:

— *Quel est ton nom?*

— *Quel âge as-tu?*

— *Pourquoi vis-tu dans ce milieu?*

— *Quelles sont tes fonctions?*

— *Quels sont tes buts?*

— *As-tu des soucis?*

— *Quels sont tes rapports avec l'Enfant Intérieur?*

— *Apprécies-tu de passer du temps avec lui?*

— *Aimes-tu t'occuper de lui?*

— *Comment aimerais-tu voir évoluer ta relation avec l'Enfant Intérieur? etc.*

8° Saluez-le et laissez les images disparaître. Exprimez votre volonté de sortir de votre chakra sacré et ouvrez les yeux.

Ma rencontre avec mon Parent Intérieur

Les circonstances de la rencontre:

Les questions:
— *Quel est ton nom?*

— *Quel âge as-tu?*

— *Pourquoi vis-tu dans ce milieu?*

— *Quelles sont tes fonctions?*

— *Quels sont tes buts?*

— *As-tu des soucis?*

— *Quels sont tes rapports avec l'Enfant Intérieur?*

— *Apprécies-tu de passer du temps avec lui?*

— *Aimes-tu t'occuper de lui?*

— *Comment aimerais-tu voir évoluer ta relation avec l'Enfant Intérieur?*

Autres questions:

Conclusion de cette rencontre:

Ce que je ressens de cette expérience:

Les leçons que je tire de cette expérience:

Rencontre et guérison de l'Enfant et du Parent Intérieurs

Et voici, comme dans les meilleurs films romantiques, le moment tant attendu du pardon et de la réconciliation. Vous voyez? Pas besoin d'aller au cinéma pour vivre des aventures intenses; il suffit d'aller à l'intérieur de vous-même. Comment croyez-vous que le cinéma a été inventé? S'il n'avait pas déjà existé quelque part, croyez-vous qu'il aurait fait son apparition?

Voici le processus de guérison relié aux deux lectures précédentes:

Demandez à votre partenaire, qui vous servira encore une fois de guide, de noter tout ce que vous direz, ou alors enregistrez le déroulement de cette guérison.

1° Intériorisez-vous, fermez les yeux et respirez lentement et profondément. Prenez votre temps afin de bien vous relaxer et d'être suffisamment intériorisé.

2° Placez votre conscience dans votre chakra sacré et visualisez ce chakra comme une spirale de lumière qui tourne dans le sens des aiguilles d'une montre. Plongez dedans...

3° Vous vous retrouvez maintenant sur une scène où se tiennent vos deux personnages intérieurs: l'Enfant et le Parent.

4° Saluez-les, puis occupez-vous de l'Enfant afin qu'il se sente en confiance. Demandez-lui ce qu'il attend du Parent.

5° Tournez-vous maintenant vers le Parent et demandez-lui ce qu'il en pense.

6° Rappelez au Parent quel doit être son rôle vis-à-vis de l'Enfant (voir plus haut la liste des «responsabilités» du Parent envers l'Enfant), puis faites-les monter dans votre chakra du cœur en trouvant un escalier et en montant deux étages. Ressentez votre conscience dans votre chakra du cœur et offrez tout votre amour à vos personnages intérieurs.

7° Aidez l'Enfant à retrouver confiance auprès du Parent afin qu'il ose s'exprimer tel qu'il est en se sentant soutenu par lui.

8° Essayez de participer du mieux que vous pouvez à cette réconciliation entre ces deux parties de vous-même.
9° Devenez simplement observateur pendant un moment, pour voir où vos deux personnages intérieurs en sont.
10° Promettez-leur de revenir les voir régulièrement et de les aider à poursuivre la guérison amorcée.
11° Laissez maintenant les images disparaître. Exprimez votre gratitude envers l'Univers pour cette guérison et ouvrez les yeux.

La guérison de l'Enfant et du Parent Intérieurs

Les circonstances de la rencontre:

La réaction de l'Enfant:

La réaction du Parent:

Les besoins impératifs de l'Enfant:

Les responsabilités acceptées ou non par le Parent:

Le passage dans le chakra du cœur:

La guérison finale:

Les leçons que je tire de cette expérience:

Résumé

Il existe trois types de karma, qui sont en analogie avec les trois corps de la personnalité et avec les trois «premières années» de l'enfance.

Voyons comment tout cela fonctionne:

- 1° Le corps physico-éthérique est en analogie avec la «première année» de la vie, avec le chakra racine et avec le **karma d'agressivité**. Ce karma résulte d'une émotion négative qui est la **peur** et d'une attitude négative qui est l'**insécurité**. Le problème est lié à l'incarnation; il est donc **existentiel**. Il est également relié à l'aspect **mère** en tant que **matière** et **énergie créatrice**.

- 2° Le corps astral, ou émotionnel (ou des désirs), est en analogie avec la «deuxième année» de la vie, avec le chakra sacré et avec le **karma d'attachement**. Ce karma résulte d'une émotion négative qui est la **tristesse** et d'une attitude négative qui est la **possessivité** (prendre et garder). Le problème est lié à l'affectif; il est donc **relationnel**. Il est également relié à l'aspect **fils** en tant que principe d'**union** et **énergie d'amour**.

- 3° Le corps mental est en analogie avec la «troisième année» de la vie, avec le chakra solaire et avec le **karma** d'ignorance. Ce karma résulte d'une émotion négative qui est la **colère** et d'une attitude négative qui est la **méfiance**. Le problème est relié au «Je Suis»; il concerne donc l'**identification**. Il est également relié à l'aspect **père,** ou principe de la **connaissance** et **énergie de volonté** (pensée divine).

L'être harmonieux et initié adoptera les attitudes suivantes:

- La **sécurité intérieure** par rapport à l'aspect **mère** – ce qui correspond à la première année –, pour dépasser le **karma d'agressivité**.

- le «**donner**» et le «**recevoir**», ou **partage**, par rapport à l'aspect **fils** – ce qui correspond à la deuxième année –, pour dépasser le **karma d'attachement**.

- La **confiance** ou la **foi** par rapport à l'aspect **père** – ce qui correspond à la troisième année –, pour dépasser le **karma d'ignorance**.

Ce résumé vous donne un aperçu du travail de base qu'il vous faut entreprendre par rapport à l'enfance, car les trois premières années de notre vie contiennent, en condensé, tous les défis de notre existence.

Aux lectures psychiques présentées dans ce chapitre, vous pouvez associer un travail d'Individualisation dont vous trouverez le principe dans un de mes précédents ouvrages, *Le Tarot de l'Individualisation*. Soyez patient, car ce travail sur l'enfance demande beaucoup de temps et de conscience, mais il est essentiel si vous voulez un jour être capable de vivre une histoire d'amour authentique, épanouissante et évolutive.

Chapitre 5
L'ouverture du cœur

L'évolution en couple passe par l'ouverture du chakra du cœur. Afin de vous aider à mieux comprendre ce que cela signifie d'un point de vue spirituel, il est essentiel que je vous donne la définition de deux mots: *évolution* et *initiation*.

Qu'est-ce que l'évolution spirituelle?

L'évolution fait appel à la conscience, et il existe sept plans de conscience.

Durant votre enfance, au cours des trois premières années de votre vie, vous expérimentez les trois premiers plans de conscience. Vous pouvez imaginer ces niveaux de conscience comme des étages.

- Durant la première année de votre vie, vous expérimentez le premier étage, ou premier niveau de conscience, qui a trait au plan physique et matériel, de même qu'au corps et à son utilisation correcte dans l'incarnation. C'est le plan de la matière, de la manifestation et des limitations. Ces dernières sont nécessaires, sinon vous ne pourriez pas avoir de corps défini dans l'espace.

- Durant la deuxième année de votre vie, vous expérimentez le deuxième étage, ou niveau de conscience, qui a trait au plan relationnel, au «donner» et au «recevoir», à la vie affective et aux émotions.

- Durant la troisième année de votre vie, vous expérimentez le troisième étage, ou troisième niveau de conscience, qui a trait à la communication, à la vie sociale, aux pensées, à l'identité et à l'image de soi. C'est l'année durant laquelle se forme le «Je Suis» de la personne, c'est-à-dire la conscience de soi qui va lui permettre, notamment, d'avoir des souvenirs personnels et de commencer à s'affirmer en tant qu'entité individuelle.

> **Ces trois premiers étages correspondent aux trois premiers plans de conscience et aux trois premiers chakras.**

Ainsi, l'être humain, depuis sa naissance jusqu'à l'âge de trois ans-trois ans et demi, explore les trois premiers plans de conscience. S'il n'évolue pas, il en restera à ce stade à l'âge adulte.

Pour atteindre le quatrième plan de conscience, qui correspond au quatrième chakra, celui du cœur, il faut passer physiquement et symboliquement la barrière du diaphragme.

> **Le diaphragme représente symboliquement la frontière entre ce que tout être fait automatiquement, c'est-à-dire les trois premiers plans de conscience qu'il utilise dans l'incarnation, puis les plans spirituels, du quatrième au septième, ou encore la limite entre le monde matériel et le monde spirituel.**

Le seul moyen de passer cette frontière pour atteindre le quatrième plan, c'est le travail sur soi dans un sens spirituel, un travail de conscience.

On dit, en psychologie, qu'il est normal que l'être humain ait un inconscient dans lequel s'enregistrent tout ce qu'il a vécu, toutes ses pensées, toutes ses émotions, tous les événements auxquels il a participé.

Eh bien, non! ce n'est pas normal! L'être humain devrait être conscient de ce qu'il est, de la façon dont il fonctionne, etc. L'être humain doit travailler à se débarrasser de tous ses conditionnements, hérités justement de son enfance, afin de devenir conscient de son fonctionnement de base.

L'évolution spirituelle consiste précisément en cela: prendre conscience de tout ce qui est en soi, mettre la lumière dans son inconscient.

Pourquoi, dans une certaine situation, réagissez-vous de telle manière alors qu'une autre personne, dans la même situation, réagira autrement? Parce que vos conditionnements sont différents.

La conscience: une bille de lumière

Imaginez que votre conscience est une bille de lumière enrobée de tous les conditionnements qui vous limitent. Par exemple, si vos parents vous ont dit que pour réussir, il fallait «en baver» dans la vie, vous avez cette croyance qui enrobe votre conscience et qui est une limite.

À cause de cette croyance, chaque fois que vous voudrez atteindre un but dans votre vie d'adulte vous allez vous heurter pendant des années à toutes sortes d'épreuves. Finalement, quand vous atteindrez votre but, vous vous direz inconsciemment: «Eh bien! mes parents avaient raison.» Ce qui est faux!

Un jour, vous rencontrerez quelqu'un qui aura atteint le même but en dix fois moins de temps que vous et avec dix fois moins de difficultés. Et vous penserez: «Quelle chance il a!»

Non, ce n'est pas une question de chance, mais de conditionnement différent. Peut-être cette personne a-t-elle eu des parents optimistes qui lui ont dit: «Dans la vie, il faut s'amuser. Fais ce dont tu as envie. Il y a de la place et de l'argent pour tout le monde.»

Vous allez penser que je schématise et que je simplifie. Peut-être un peu, mais l'être humain fonctionne comme cela. Ce sont toutes vos croyances, toutes vos limitations qui empêchent votre conscience de s'épanouir, de prendre de l'expansion, de sorte qu'elle reste à la taille d'une petite bille. En fait, elle continue de circuler seulement dans les trois premiers plans de conscience. Elle n'a pas accès aux merveilles des quatre plans supérieurs.

L'évolution spirituelle consiste à faire prendre de l'expansion à la conscience, c'est-à-dire à faire sauter vos limites, à pulvériser vos croyances réductives, de façon que votre conscience englobe de plus en plus de choses, chaque jour, chaque mois et chaque année de votre vie. Pas par le rêve, mais concrètement, par la réalisation et le «ressenti». Par l'expérimentation de la vie dans son infinie richesse. Car l'évolution spirituelle, c'est l'expérimentation.

Cela revient à dire que ce que vous lisez, ce dont vous rêvez, ce que les gens vous apprennent, etc., ne vous fait pas évoluer. Ce qui fait évoluer, c'est ce que vous expérimentez intérieurement et que vous manifestez ensuite.

> **N'oubliez pas ces deux processus: ressentir en soi, et ensuite manifester à l'extérieur de soi. Et toujours dans cet ordre. L'inverse, c'est l'illusion.**

Si vous fonctionnez dans le bon sens (de l'intérieur vers l'extérieur), votre conscience prendra de l'expansion et vous évoluerez.

C'est quelque chose de difficile à comprendre. Beaucoup de gens pensent: «J'ai appris beaucoup de choses, j'ai beaucoup de connaissances, donc je suis très évolué!» Mais même si vous aviez connu toute la sagesse de l'humanité, vous ne seriez pas plus évolué pour cela, car vous ne l'auriez ni ressentie ni expérimentée réellement.

Si vous rencontrez des «guides spirituels» qui vous disent: «Je vais t'ouvrir tes chakras, je vais te faire ressentir telle ou telle merveille. Suis mon enseignement et tu vas évoluer très vite et très haut.», ce sont des charlatans, car personne d'autre que vous-même ne peut vous faire évoluer. C'est vous qui devez faire le travail afin d'expérimenter par vous-même et de ressentir par vous-même.

Bien sûr, vous ne pourrez pas le faire tout seul. Vous aurez impérativement besoin d'un bon guide, qui vous donnera les bonnes méthodes au bon moment, mais c'est vous qui ferez le travail intérieur. C'est vous qui vous êtes mis des barrières, des limites à votre conscience, et c'est à vous de vous en libérer.

> **Vous ne pouvez pas évoluer seul, mais personne ne peut faire le travail à votre place.**

L'évolution spirituelle consiste à faire prendre de l'expansion à votre conscience à l'infini. Plus votre conscience prendra de l'expansion, plus vous engloberez de choses, de connaissances de vous-même et de l'Univers.

- En résumé, cette expansion est possible par l'expérimentation individuelle et par la concrétisation, la manifestation de ce que vous avez ressenti. Elle se réalisera sous la conduite d'un guide spirituel compétent, qui saura vous transmettre les méthodes dont vous avez besoin, au bon moment et au bon endroit, en même temps que son énergie (indispensable pour l'Initiation). Retenez que rien ne vient de l'extérieur. Le travail est toujours intérieur en premier lieu. L'extérieur ne vient qu'après, pour concrétiser les «ressentis» intérieurs.

Maintenant, voyons ce qu'est le processus initiatique.

L'Initiation est la conséquence de l'évolution. Lorsque vous vous engagez dans une voie spirituelle et que vous utilisez les techniques données par le guide qui est à la tête de cette voie, le premier travail que vous serez invité à réaliser est la purification intérieure sur les trois plans de la personnalité: physico-éthérique, émotionnel, mental.

Toute voie spirituelle fait travailler ces trois plans à la fois afin de ne pas créer de déséquilibre. Cette purification a pour but de vous aider à utiliser correctement votre énergie, de façon à ne plus la gaspiller.

Le fait que la société actuelle soit obsédée par le gaspillage de l'énergie extérieure est le reflet de ce que l'homme gaspille son énergie intérieure. Ce nettoyage intérieur va vous permettre de voir plus clair en vous.

- Il comprend un travail d'Individualisation, qui est la prise de conscience de tous les conditionnements et limites dont vous devez vous débarrasser afin de libérer votre conscience. Ce travail est purificateur au niveau mental.

- Il faut aussi travailler au niveau émotionnel et affectif, par rapport aux attachements que vous avez (voir le chapitre concernant le pardon et le détachement). Vous devez travailler sur vos émotions, en apprenant à les exprimer naturellement, car il est mal vu de le faire, dans notre société. Vous savez, on dit au petit garçon de ne pas pleurer, car un homme ne doit pas pleurer, c'est un signe de faiblesse. Et on dit à la petite fille qu'il n'est pas bon de se mettre en

colère, car elle doit se montrer gentille si elle veut plaire aux garçons.
Vous imaginez le travail à faire à ce niveau-là!

- Sur le plan physico-éthérique, il faut apprendre à ne pas gaspiller son énergie en la canalisant, en la concentrant vers des buts importants et élevés, spirituellement parlant, c'est-à-dire illimités.

Vous avez maintenant une petite idée du travail préparatoire qu'exige une voie spirituelle comme celle que je transmets. Ces techniques de purification visent à réaliser un certain équilibre des trois plans, de façon que l'énergie y circule librement.

Ce travail vous permettra d'augmenter votre énergie, car elle sera mieux canalisée, en plus d'augmenter votre taux vibratoire. Car chaque être humain a un taux vibratoire particulier, et la science saura bientôt le mesurer. Ce taux vibratoire correspond au niveau de conscience que l'on a atteint. Plus notre taux vibratoire est élevé, plus notre niveau de conscience est élevé. Le travail sur soi augmente le taux vibratoire, jusqu'à ce que l'aspirant soit proche du niveau de conscience supérieur.

Dis-moi à quel niveau tu vibres et je te dirai qui tu es!

Selon le niveau de conscience auxquels ils correspondent, les taux vibratoires sont en analogie avec une couleur.

Pour la majorité des gens incarnés à l'heure actuelle et qui sont au troisième plan de conscience, il existe toute une gamme de taux vibratoires reliés à la couleur jaune.

Pour «passer dans le cœur», ou atteindre le quatrième plan de conscience, il faut vibrer au vert. Il faut donc vibrer plus rapidement pour passer du jaune au vert.

> **D'une manière générale, sachez que la couleur dominante du monde physique est le rouge,
> celle du monde astro-mental est le jaune,
> et celle du monde spirituel est le bleu.
> (Il existe cependant de multiples couleurs intermédiaires.)**

Et que se passe-t-il lorsque vous êtes proche du quatrième plan de conscience parce que votre taux vibratoire est suffisamment élevé?

Il vous faut faire un saut, et ce saut, c'est ce que l'on appelle l'**Initiation.**

Qu'est-ce que l'Initiation?

L'Initiation, c'est le fait de passer à un autre niveau de conscience, c'est-à-dire de vivre concrètement cette accélération vibratoire.

En résumé, la période préparatoire de purification intense que vous effectuez sur les trois plans de la personnalité (physique, émotionnel et mental) augmente peu à peu votre taux vibratoire. Ce travail intérieur vous amène dans un état de crise qui est la conséquence de l'augmentation de votre taux vibratoire.

Vous n'êtes pas conscient de ce processus, mais vous sentez une sorte de pression sur vous, comme si vous disposiez d'un surplus d'énergie, comme si vous étiez électrique ou surexcité. Cette réaction se fait sentir parce que vous arrivez à un niveau vibratoire auquel vous n'êtes pas habitué et que cela provoque ce que l'on appelle ésotériquement l'«état de crise». Vous disposez alors d'une énergie que vous avez du mal à maîtriser et qui est au maximum de ce que vous pouvez supporter. Le fait de vous trouver dans cet état prouve que vous êtes prêt pour passer l'Initiation; vous êtes comme un ressort tendu à fond qui n'attend plus que le moment d'être libéré, détendu d'un coup, pour faire un saut.

Pour ce faire, il faut qu'un Initié vous donne le coup de pouce nécessaire en vous transmettant son énergie, afin de vous faire atteindre un plan de conscience supérieur.

En quoi consiste l'Initiation?

D'une manière générale, l'Initiation est un rituel sacré et secret, au cours duquel un Initié, ou Maître ayant réalisé le Soi, transmet son énergie à l'aspirant, ou au disciple, au bon moment, au bon endroit et dans les meilleures conditions possibles, afin de lui faire atteindre un plan de conscience supérieur, ce qui produit chez lui une expansion de conscience.

Pour faire le saut et atteindre le plan de conscience supérieur, vous avez impérativement besoin de cet Initié. Si vous montez seul, vous pouvez vous rendre très près de ce plan supérieur mais, pour l'atteindre, il vous faut une décharge d'énergie qui vous y propulsera en un instant; c'est le travail de l'Initié.

> **Pour devenir un initié, il vous faut un Initiateur.**

Après avoir atteint le quatrième plan de conscience, vous pouvez continuer à travailler sur vous, en essayant de vous purifier et de vous connaître davantage. Vous augmenterez votre taux vibratoire, vous vivrez un autre état de crise et, avec l'aide d'un Initiateur, vous atteindrez le cinquième plan de conscience à la suite d'une autre Initiation. Voilà comment fonctionne le processus initiatique.

Ce processus, on le voit dans le monde, au niveau de l'humanité. Toute la société du XXe siècle vit un gigantesque état de crise: il y a eu deux guerres mondiales, des révolutions, des catastrophes, beaucoup de violence.

En fait, le XXe siècle est en attente d'une crise qui n'arrive pas parce qu'on est trop nombreux à vivre sur la terre, parfois par hasard. Mais cet état de crise est nécessaire pour préparer l'être humain à «passer dans son œur». À passer globalement au quatrième plan de conscience. L'être humain est aujourd'hui prêt à changer, à se transformer, à passer la première Initiation majeure et à ouvrir son œur. Voilà pourquoi nous vivons dans cet état de crise permanent depuis le début du siècle.

Si, pour une personne, l'état de crise n'a besoin de durer que quelques jours ou quelques semaines, il faut bien comprendre que pour l'humanité, un siècle n'est pas de trop.

Beaucoup de gens se sont incarnés à notre époque pour profiter de cet état de crise afin d'évoluer rapidement et de passer les Initiations. Mais il y a aussi des gens qui refusent ce processus initiatique, qui s'accrochent au monde matériel, à leurs acquis, à leurs possessions, et qui retardent cette transformation inéluctable de l'humanité. Ils retardent l'évolution de l'humanité, car nous sommes tous interdépendants.

Pour que la Terre soit guérie, pour que la Terre passe globalement à un autre plan de conscience, il faut qu'il y ait le plus de gens possible qui fassent ce travail intérieur de transformation afin de passer, au moins, la première Initiation majeure: l'ouverture du cœur.

Le jour où il y aura suffisamment de gens qui auront passé cette Initiation, c'est l'humanité tout entière qui en profitera. Il y aura alors, dans l'ensemble de l'humanité, assez de puissance énergétique au niveau du cœur pour entraîner le reste du monde à sa suite.

Heureusement, l'évolution spirituelle fonctionne d'une manière exponentielle. Une personne qui est au quatrième plan de conscience dispose de beaucoup plus d'énergie qu'une autre qui serait au troisième plan. Il n'est donc pas nécessaire qu'il y ait 51 % des gens dans leur cœur pour faire basculer l'humanité. Il suffit de 5 à 10 % pour transformer celle-ci et la conduire vers une nouvelle ère avec une société différente, des lois différentes, des fonctionnements différents. Un monde beaucoup moins égoïste.

Ne rêvons pas. Ce ne sera pas encore l'Âge d'Or, mais il y aura plus d'amour et de paix sur la terre, et c'est ce qui permettra la guérison de notre planète.

Voyons maintenant un peu plus en détail ce qu'est la première Initiation majeure puisqu'elle est la clé de l'ouverture du cœur. Je rappelle que l'ouverture du cœur est nécessaire pour pouvoir vivre une évolution en couple. Si on n'a pas passé cette première Initiation, il est impossible de vivre une relation spirituelle cœur à cœur. On ne pourra la vivre que corps à corps!

La première Initiation, ou la «naissance dans le cœur», est une expérience à la fois sacrée et très concrète.

Aujourd'hui, il y a de plus en plus de gens qui sont aptes à passer cette première Initiation. Ils ne sont pas forcément doués pour l'évolution spirituelle, mais ils ont suffisamment d'expérience de ce plan terrestre pour se préparer et pour passer cette première Initiation afin d'ouvrir leur cœur. Mais il est nécessaire que les gens en soient conscients pour en faire un but majeur de leur existence, tout en en ressentant le côté sacré.

La première Initiation permet le premier grand passage à un niveau de conscience supérieur, en l'occurence le quatrième plan, celui du chakra du cœur. Vous passez du plexus solaire au cœur, en sautant au-dessus du diaphragme, du troisième au quatrième chakra.

La première Initiation est une porte. Vous pouvez imaginer cette porte entre deux mondes: le monde matériel et le monde spirituel.

En passant cette porte, vous quittez le monde matériel, vous mourez à ce monde et vous naissez au monde spirituel. Une fois la porte franchie, vous êtes comme un bébé, au même titre que lors de votre naissance au monde physique. Vous avez tout à expérimenter et à ressentir.

Il ne s'agit pas ici d'un aboutissement mais d'une naissance, d'un nouveau monde à explorer. C'est le début d'une grande aventure, celle de la conscience. Lorsque vous passez la porte, vous êtes tout petit, vous entrez dans le monde spirituel.

Vous devez apprendre à utiliser, d'une manière différente, votre énergie concrète, vos émotions et vos désirs. Il vous faut réapprendre à penser et à vous trouver d'autres buts, plus élevés et plus vastes.

Bien sûr, la porte dont il est question est immatérielle, invisible, mais elle n'en est pas moins réelle à l'intérieur de vous, même plus réelle que le monde extérieur.

Comment pourrez-vous en arriver là?

Pour répondre à cette question, il nous faudra voir en détail le fonctionnement de base de l'être humain aux deuxième et troisième plans de conscience.

Développer son aspiration

La personne dont la conscience est principalement focalisée sur le deuxième plan de conscience est dotée d'une nature passive ou inerte, qui n'utilise que peu son libre arbitre. Cette personne vit à peine au-dessus de la condition animale, et son but majeur est la procréation et la vie familiale. Elle n'est pas encore prête pour la voie spirituelle. Il lui faudra expérimenter encore quelques vies sur le plan matériel avant de devenir dynamique.

Pour se maintenir au troisième plan de conscience, l'être humain doit disposer d'une nature dynamique ou active qui utilise davantage son libre arbitre.

Les personnes situées au troisième plan de conscience ne fonctionnent pas toutes de la même manière. On peut dire qu'il existe des sous-niveaux, que l'on peut répartir comme suit:

- La personne la moins évoluée dans ce troisième plan de conscience ressent l'**ambition**. Quelle que soit la nature de celle-ci, cette personne est véritablement vivante. Son fonctionnement basé sur l'ambition est en analogie avec l'élément **terre** et le **corps physique**, et il se traduit par la recherche du pouvoir, l'accumulation des biens matériels, le désir de réussite matérielle, la course aux diplômes, le désir d'être le premier, etc.

- La personne un peu plus évoluée éprouve le besoin de créer. Elle est mue par l'**inspiration**. Tout comme pour l'ambition, il s'agit là d'un désir de s'élever, mais ce désir est plus profond. Le fonctionnement de cette personne est basé sur l'inspiration créatrice et il est en analogie avec l'élément **eau** et avec le **corps astral**. Il se traduit par l'expression créatrice sous toutes ses formes, par le besoin que les gens aiment ce qu'elle fait, qu'ils reconnaissent son talent, etc.

- La personne encore plus évoluée ressent l'**amélioration**, le désir d'être mieux dans sa peau. Tout comme ses prédécesseurs, cette personne veut s'élever, mais son désir est encore plus profond. Son fonctionnement basé sur le besoin de s'améliorer est en analogie avec l'élément **feu** et avec le **corps mental**. Il se traduit par une quête de l'amélioration de soi qui passe par l'accumulation des connaissances, les études diverses, la participation à toutes sortes de stages de croissance personnelle, un désir de se sentir «bien dans sa peau» et de connaître le but de sa vie, la pratique de toutes sortes de thérapies, etc.

- Enfin, j'en arrive à l'individu «le plus élevé» du troisième plan de conscience, qui ressent l'**aspiration** et dont le but est de rejoindre son âme et, à travers elle, Dieu lui-même. Son fonctionnement basé sur l'aspiration est en analogie avec l'élément **air** et avec le **corps éthérique**. Il se traduit par le fait que la personne s'engage dans une voie spirituelle, abandonnant sa quête et la dispersion, afin de se préparer pour passer la première porte: la première Initiation, ou «la naissance dans le cœur».

Nous voici arrivés à l'**aspiration**. Il nous a fallu de nombreuses vies pour en arriver là!

Ce qui nous pousse, un jour, à vouloir passer cette porte de l'Initiation, c'est la sensation intérieure qu'il nous manque quelque chose d'essentiel. C'est un appel de notre cœur, quelque chose de très profond en nous, quelque chose qui nous demande de trouver un sens profond à notre vie. C'est un besoin impérieux de découvrir qui nous sommes et ce que nous faisons sur la terre... C'est cela, l'**aspiration**.

Ce n'est pas une passade ni un désir. C'est un feu intérieur qui vous brûle, vous consume et vous demande: «Qui es-tu?», comme un mantra ou un leitmotiv insoutenable. Cette aspiration vous pousse à vous purifier, à travailler intensément sur vous, à l'intérieur. C'est une force qui pousse très fort et qui vous fait dépasser votre peur de l'inconnu.

J'ai souvent rencontré de ces aspirants «morts de trouille», qui jamais ne se seraient engagés de leur propre gré dans une voie spirituelle, ou encore qui se seraient sauvés dès les premières difficultés, mais qui étaient là, sans presque savoir pourquoi. Ils ressentaient quelque chose en eux qui les poussaient à faire ce travail, et ils le faisaient. Pourquoi? Parce que ce quelque chose à l'intérieur d'eux disposait d'une force d'amour incroyable, à laquelle nul ne pouvait résister.

Devant cette force d'amour et de lumière, chacun se sent emporté comme un fétu de paille. Même si le mental ou l'ego se révoltent parfois, l'aspiration, le feu intérieur d'Agni (le feu psychique de l'Âme) tire l'aspirant vers le haut. C'est cette aspiration qui vous amène un jour à passer la première Initiation.

L'aspiration est ce feu intérieur qui grandit à l'intérieur de vous. Plus ce feu est puissant, plus votre aspiration sera forte et votre progression rapide.

D'où cela vient-il? C'est le résultat du travail spirituel que vous avez fait dans vos vies précédentes qui a renforcé votre âme. Plus une personne évolue, plus son âme prend de la puissance. Si l'âme dispose de beaucoup de puissance, elle vous appellera vers elle avec d'autant plus de force. Vous ressentirez votre aspiration en proportion égale avec la puissance de votre âme et à la mesure de vos qualités de réceptivité et d'écoute intérieure.

Une fois que vous avez ressenti l'aspiration, que vous vous êtes engagé dans une voie spirituelle, que vous avez travaillé à vous purifier et que vous avez trouvé la porte de l'Initiation, qu'est-ce qui va vous permettre de la passer? La porte va se concrétiser sous la forme d'une voie spirituelle avec, à sa tête, un Initiateur, un Maître ayant réalisé le Soi. Il faut que cette porte vous convienne, qu'elle parle à votre cœur, que vous la ressentiez comme la vôtre, comme celle que vous cherchiez. Parce que si la porte ne vous plaît pas, vous ne la franchirez jamais.

Vous avez donc trouvé une voie spirituelle qui vous propose de passer la première Initiation, et elle vous convient. Il vous faut maintenant faire un acte concret: celui de frapper à la porte, c'est-à-dire demander de passer de l'autre côté, ce qui exige de pratiquer quotidiennement cette voie spirituelle, de l'expérimenter selon la guidance de l'Initié qui la dirige.

De l'autre côté de la porte se trouve l'Initiateur qui vous attend avec tous les autres chercheurs de lumière qui vous ont devancé et qui peuvent vous aider à progresser. Il y a également votre groupe d'aspirants, qui est au même niveau que vous et qui chemine avec vous.

L'énergie du groupe vous aidera également à passer la porte. Une voie spirituelle est avant tout une famille spirituelle que l'on reconnaît. Reconnaître sa famille spirituelle est la meilleure preuve que l'on ressent l'aspiration et que l'on est prêt à passer la première Initiation.

> **Le passage dans le cœur, ou première Initiation, est le fait de passer d'une conscience egotique à une conscience de groupe.**

La personne qui pense qu'elle n'a pas besoin d'une voie spirituelle ou d'un Initiateur pour évoluer et passer la première Initiation est dans l'illusion. Elle est beaucoup moins évoluée qu'elle ne le croit puisqu'elle ne dispose pas encore de la conscience de groupe qui découle de l'aspiration.

C'est l'énorme différence qui existe entre les personnes qui en sont encore au stade de l'amélioration de soi – dans un but égoïste, pour être mieux dans leur peau –, et qui veulent évoluer seules, et celles qui ont ressenti l'aspiration et qui cherchent leur famille spirituelle pour évoluer en son sein, car elles commencent à percevoir la conscience de groupe. Ces dernières sont prêtes à passer dans leur cœur.

Je vais maintenant vous expliquer un peu plus clairement en quoi consiste la première Initiation.

La naissance dans le cœur

On l'appelle la «naissance dans le cœur», car cette initiation vous permet de naître dans le monde spirituel.

Jusque-là, vous n'aviez vécu que dans le monde matériel. Mais à partir de cette initiation, vous aurez accès au monde spirituel. C'est la naissance du Christ en soi; la réponse à l'impulsion qu'Il a déposée dans notre cœur il y a deux mille ans.

Il y a très longtemps, l'Homme a perdu la connexion avec sa source. Depuis, il cherche à se reconnecter à elle. C'est ce que propose la première Initiation.

Une Initiation doit rester secrète. Je ne vous révélerai donc pas le rituel sacré de celle-ci mais je peux tout de même vous informer à propos de ce que l'on demande à l'aspirant pour vivre cette expérience.

Il est important de garder le secret d'une Initiation, car c'est une énergie précieuse. Le divulguer, c'est disperser cette énergie et diminuer la puissance de l'Initiation. Les anciennes Initiations égyptiennes ou grecques, dont on décrit maintenant le déroulement dans certains livres, n'ont plus aucune efficacité, car elles ont perdu leur énergie en étant répandues dans le grand public.

*L'Initiation ne s'apprend pas dans les livres,
elle s'expérimente par la grâce d'un Initiateur.*

**Le rituel sacré d'une Initiation est là pour placer le candidat à l'Initiation dans les meilleures conditions possibles
(expansion de la conscience et réceptivité)
pour recevoir l'Initiation, qui est une énergie particulière transmise par l'Initiateur (un Maître ayant réalisé le Soi)
dans un lieu consacré et au moment décidé
par l'Initiateur et l'Univers.**

Pourquoi faut-il effectuer tout un travail de purification pour se préparer à la première Initiation?

Parce que la première Initiation, c'est l'accès au monde spirituel et la **première rencontre avec votre âme**.

Qu'est-ce que l'Âme?

C'est votre cœur psychique; c'est la part spirituelle ou divine en vous qui est descendue le plus près possible de vous, c'est-à-dire au quatrième plan de conscience.

L' âme ou le Soi est une partie de Dieu qui se situe au septième plan de conscience. Mais cette âme, par compassion et pour expérimenter la Matière, «fait descendre» une partie d'elle-même jusqu'au quatrième plan de conscience, le plan le plus près de la personnalité. Cette part de votre âme, on l'appelle le «cœur psychique» ou l'«être psychique», ou encore l'«ange solaire».

C'est aussi la «mémoire», sur le plan causal, de tout ce que vous avez vécu dans vos précédentes existences. C'est le siège du «ressenti», c'est-à-dire le fait de percevoir quelque chose d'agréable ou de positif par le biais de la chaleur, associée ou non à une énergie particulière, ou le fait de ressentir quelque chose de négatif par le biais du froid, généralement une sensation de fermeture. C'est aussi le siège de l'intuition, la fameuse «petite voix intérieure».

L'âme, dans le cœur psychique, est un atome de lumière qui peut prendre la taille d'une flamme ou d'un pouce, ainsi que toutes sortes de formes symboliques ou concrètes, afin d'aider l'être humain à la ressentir. L'âme est essentiellement lumière, énergie, vibration et rayonnement.

Sa qualité particulière d'énergie peut correspondre à une couleur «psychique», selon son «rayon» d'expérimentation. Sa vibration donne un son sacré, une note qui peut être entendue à l'intérieur de soi.

La difficulté de la première Initiation a trait à la possibilité d'atteindre son âme alors que celle-ci se situe au-delà de notre personnalité, au-delà de notre mental. Notre âme se trouve très profondément en nous.

Vous savez que vous avez un corps physique. À l'intérieur de celui-ci se trouve le corps éthérique, légèrement plus petit, qui apporte l'énergie à votre corps physique. Sans corps éthérique, vous seriez mort, car votre vitalité serait partie. Parfois, on appelle le corps éthérique «corps vital».

À l'intérieur du corps éthérique, vous avez, encore plus petit, le corps astral, ou corps des émotions et des désirs, qui est celui

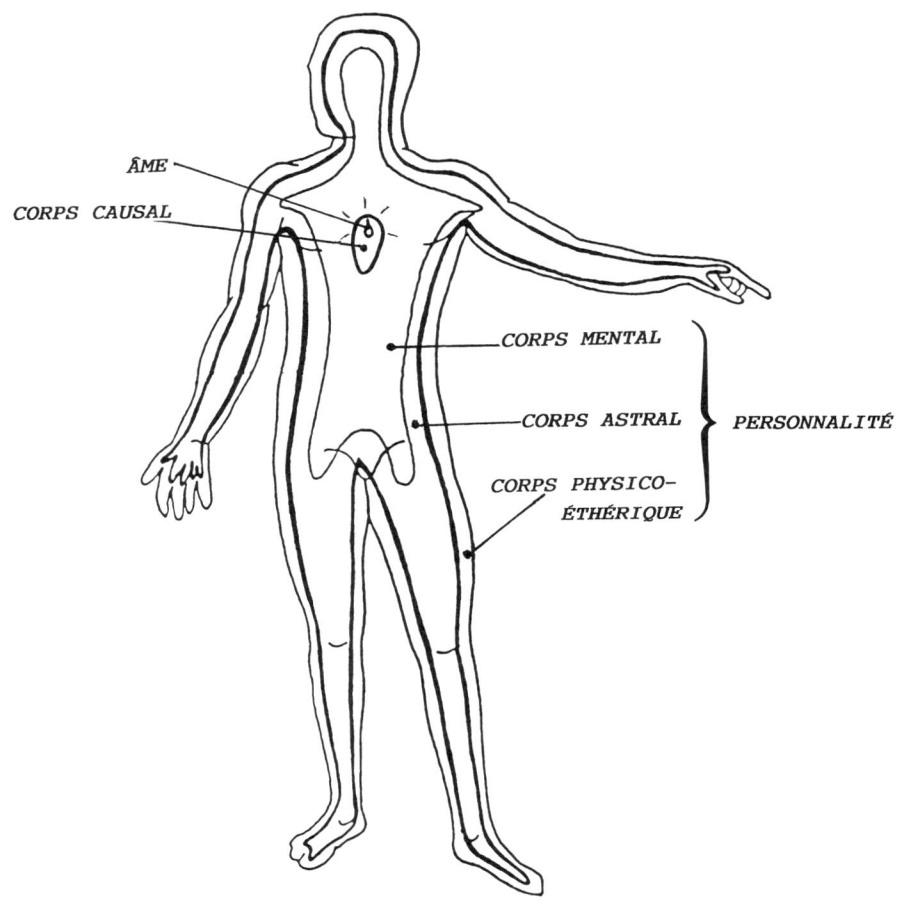

*Emplacement des différents corps subtils
à l'intérieur du corps physico-éthérique*

de l'affectif. Il est séparé du corps éthérique par un voile, sauf chez les Initiés.

Encore plus profondément en vous, et encore plus petit, se trouve le corps mental. Il est à l'intérieur du corps astral et c'est le corps des pensées, des idées, des croyances, des idéaux, etc.

Toujours plus petit et plus profond, on retrouve le corps causal, ou celui de la mémoire (ou des causes). C'est là que sont imprimées toutes les leçons que vous avez tirées de vos expériences passées, dans cette vie et dans les précédentes. Plus vous êtes évolué, plus ce corps est gros, lumineux et rayonnant.

Et à l'intérieur du corps causal se trouve votre âme. Le corps causal est son sanctuaire. Vous imaginez le parcours du combattant pour que votre conscience rejoigne votre âme?...

Si vos différents corps ne sont pas purifiés et qu'ils sont trop pollués, votre conscience ne pourra jamais atteindre votre âme.

Voyons comment cela peut se passer:

- Premièrement, votre conscience doit traverser votre corps éthérique. Si vous avez tendance à gaspiller votre énergie dans tous les sens, à ne pas pouvoir rester tranquille, à ne pas savoir canaliser votre énergie, votre conscience va être littéralement éjectée quand elle va arriver dans ce corps, car vous serez incapable de concentrer votre énergie. Il vous faut donc travailler sur vous afin que cette énergie circule librement en vous et que soyez capable de la concentrer et de la canaliser correctement. Alors, votre conscience pourra franchir ce premier obstacle.

- Après avoir traversé le corps éthérique, votre conscience arrive ensuite dans votre corps astral, ou émotionnel. Généralement, il y a deux types de comportements émotionnels. Soit que vous êtes quelqu'un de très émotionnel qui ne maîtrise rien du tout, qui pleure, qui rit, qui se met en colère pour trois fois rien (ce type de personne présente une morphologie plutôt rondouillarde); dans ce cas, quand votre conscience va arriver dans votre corps astral, elle va se noyer dans toutes ces émotions, ces dernières étant reliées symboliquement à l'élément Eau.
Soit que vous êtes un être plutôt mental, qui domine ses émotions en les refoulant et en ne les exprimant pas, ce qui se remarquera à une morphologie plutôt maigrichonne;

dans ce cas, quand votre conscience va arriver dans votre corps astral, elle va se heurter à cette multitude d'émotions refoulées et bloquées, et elle restera prisonnière de toute cette rigidité.
Dans les deux cas, votre conscience ne passera pas le corps astral. Il vous faut apprendre à être à l'aise avec vos émotions, à les exprimer quand vous en ressentez, sans vous laisser submerger par elles. Ainsi, votre conscience glissera à travers elles jusqu'au prochain corps.

- Si votre conscience a franchi l'obstacle précédent, elle arrivera dans votre corps mental. Toutes vos croyances, toutes vos limitations sont comme un champ d'astéroïdes dans l'espace. Si vous essayez d'avancer parmi eux, vous vous y heurtez et vous risquez d'être détruit. Plus vous avez de croyances et de limitations, plus votre corps mental est rigide et encombré, interdisant à votre conscience le passage de l'obstacle, car elle va se buter à toutes vos limitations. Imaginez que vous avez une croyance du type «Je ne mérite pas d'être aimé (ou de ressentir l'amour, ou de passer cette Initiation)», ou alors «Je suis un incapable.» Eh bien! votre conscience se heurtera à ces croyances et elle ne passera pas; votre mental va interférer à ce niveau. D'où l'importance de vous individualiser afin de vous débarrasser d'un maximum de croyances et de limitations, et ainsi de pouvoir méditer afin de clarifier votre corps mental.
Quand votre mental sera plus clair, votre conscience pourra se faufiler entre les astéroïdes restants et elle atteindra l'étape suivante.

- Votre conscience pourra enfin entrer dans le corps causal, le sanctuaire de votre âme. Il vous restera à vivre le rituel sacré et secret qui vous permettra de vivre la première Initiation: votre naissance au monde spirituel.

Vous comprenez mieux maintenant pourquoi l'engagement dans une voie spirituelle demande un travail particulier afin que vous puissiez vous préparer à la première Initiation.

Vous devrez travailler régulièrement, au moins une heure par jour, afin de vous purifier pour ce grand jour où vous retrouverez votre âme. Une heure par jour, cela peut vous sembler beaucoup, mais si vous pensez que vous n'accordez qu'une heure par jour à votre âme et que le reste du temps est consacré à votre personnalité, peut-être serez-vous plus motivé. C'est, bien évidemment, une question de choix et d'engagement.

Parfois, ce qui rebute les gens, c'est la peur de quitter leur entourage. L'engagement dans une voie spirituelle avec le dessein de passer la première Initiation n'implique en rien des changements dans votre entourage, ni l'obligation de quitter votre famille. Il ne faut pas confondre voie spirituelle et secte.

On ne vous demande rien aux niveaux matériel et affectif. Vous n'avez rien à changer matériellement (il vous appartient toujours d'organiser votre vie matérielle comme vous le sentez) ni affectivement (car ce domaine ne concerne pas non plus votre voie spirituelle).

Ce qui intéresse votre Initiateur, c'est votre vie spirituelle. Peu lui importe votre extérieur et ce que vous faites de votre vie. Si vous travaillez régulièrement sur vous, avec les techniques qu'il vous donne, le reste ne l'intéresse pas.

Lorsque vous passez la première Initiation, vous rencontrez votre âme et vous ouvrez votre cœur psychique. Votre source d'amour intérieure est alors libérée et elle se met à couler, et vous la ressentez.

Vous êtes surpris d'avoir tout cet amour en vous. Vous l'avez cherché toute votre vie. À chaque nouvelle relation amoureuse, vous vous êtes dit: «Cette fois, c'est la bonne!» Puis vous avez été déçu et vous avez continué à chercher. Vous saviez bien que «cela» existait, mais sans jamais le rencontrer. Vous cherchiez votre source d'amour à l'extérieur alors qu'elle se trouvait en vous.

Cela me rappelle cette vieille légende hindoue, selon laquelle les hommes étaient divins, il y a très longtemps. Mais ils ont abusé de leurs pouvoirs divins. Aussi, les dieux se sont-ils réunis autour de Brahma, le «roi» des dieux, pour chercher l'endroit où ils pourraient cacher la divinité de l'homme afin que celui-ci se calme un peu. Ils ne savaient où la cacher, car, connaissant le futur de l'humanité, ils se disaient qu'il n'y avait pas un lieu sur terre que l'homme n'explorerait pas un jour ou l'autre. Qu'il s'agisse du plus profond des océans ou du plus haut sommet des montagnes, un jour l'homme s'y rendrait et retrouverait sa divinité perdue, et alors recommencerait le même «cirque».

Soudain, Brahma eut une intuition: «Cachons-la au cœur même de l'homme, au plus profond de lui-même. Il n'aura jamais l'idée d'aller la chercher en lui.»

Ce qui fut fait. Et depuis, l'homme escalade les plus hautes montagnes, plonge au plus profond des océans, explore les jungles les plus impénétrables, à la recherche de quelque chose qui se trouve en lui, dans son cœur, beaucoup plus près de lui que son compagnon ou sa compagne. Mais l'homme est devenu aveugle et sourd, et il tourne en rond, répétant les mêmes erreurs, sans jamais penser à s'intérioriser.

> **La voie spirituelle donne accès à votre cœur psychique, à votre source d'amour, car elle permet l'ouverture du centre du cœur.**

Quand vous trouverez cette source d'amour en vous, vous direz: «Mais alors, je l'ai cherchée toute ma vie à l'extérieur, et elle est en moi!»

Le plus beau dans tout cela, c'est que vous n'avez pas besoin de quelqu'un à l'extérieur pour vous faire ressentir votre source d'amour. Vous pouvez la ressentir en vous, dans votre cœur psychique, grâce à la méditation.

Et le jour où vous «tomberez» (remarquez que l'on «tombe» amoureux, ce qui signifie que notre mental descend ou «tombe» de notre tête jusque dans notre cœur; c'est aussi pour cela que l'on «perd la tête») dans votre source d'amour, vous aurez un «ressenti» fabuleux, qui ira bien au-delà de ce que vous pouvez ressentir à deux (car, la plupart du temps, l'autre veut interférer dans ce processus). Rien ne vous empêche de partager votre source d'amour avec quelqu'un qui soit en réelle intimité avec vous, car si Dieu a créé le monde, c'est aussi pour partager cette béatitude, cet amour infini avec quelqu'un.

La première Initiation ouvre le cœur, elle ouvre les vannes de cet amour infini qui coule de votre source. L'amour est une qualité de l'âme. C'est une énergie chaude, de couleur rose. Et vous avez cette source d'amour en vous. Tout le monde l'a. Cette source d'amour que vous quêtez partout à l'extérieur, dans le regard de l'élu de votre cœur, vous l'avez en vous, dans votre cœur psychique.

C'est grâce à cette ouverture du cœur que la Terre sera guérie, lorsqu'il y aura suffisamment d'aspirants qui auront passé la première Initiation. Car cette source d'amour est guérison, pour vous, pour autrui et pour la Terre.

Le chakra du cœur

Nom sanscrit: ANAHATA («non frappé»)
Endroit: milieu de la poitrine, entre les 4e et 5e vertèbres dorsales
Élément: Air
Glande endocrine: Thymus
Corps physique: Cœur et système circulatoire
Couleurs: Vert (la paix) et rose (l'amour)
Voyelle: O
Nombre de pétales: 12
Planètes: Vénus et Neptune
Signes du Zodiaque: Taureau et Balance
Nombres: 6 et 33
Métal: Cuivre
Sens: Odorat
Yoga ou voie: Bhakti Yoga, ou voie de la dévotion
Animaux: Antilope, gazelle, cerf, biche et oiseaux
Pierres: Émeraude, jade, tourmaline, quartz rose
Encens: Ambre, rose, jasmin, lavande, safran
Fleur: Rose
Figure géométrique: Hexagramme

Chapitre 6
Exercices pour le chakra du cœur

Dans ce chapitre, je vous propose cinq exercices à caractère non sexuel qui peuvent être pratiqués à deux. Vous trouverez d'autres exercices impliquant l'énergie sexuelle ou la kundalini dans les chapitres portant sur la sexualité.

N'attendez pas des miracles de ces exercices. Ils ne vous permettront pas de vivre l'ouverture du cœur, mais ils vous prépareront à la voie spirituelle. Ils vous enseigneront l'échange, la vulnérabilité, le «donner» et le «recevoir», et peut-être vous aideront-ils à ressentir votre source d'amour.

Ces exercices doivent être pratiqués lorsque vous en avez le temps. Ils sont simples, beaucoup trop simples, diront certains, car ils sont basés sur le «lâcher-prise» et le «ressenti», deux qualités que l'être humain ne cultive pas habituellement, mais qui sont indispensables pour «passer dans son cœur».

Ces exercices peuvent être considérés comme un jeu, un divertissement, mais ils sont bien plus que cela. Ils peuvent vous surprendre et vous faire basculer dans votre dimension intérieure, celle de la réalité. C'est là leur véritable but.

Pratiquez-les en essayant de mettre votre conscience dans votre chakra du cœur.

Ce n'est pas facile quand sa conscience est toujours dans sa tête. Alors, soyez patient et essayez...

Premier exercice: La poupée de chiffon

Cet exercice en est un sur la vulnérabilité. La plupart des gens ne se montrent jamais vulnérables. Ils prennent cela pour de la faiblesse, alors qu'il s'agit de la porte d'accès à l'intimité.

Il faut réapprendre la vulnérabilité pour ouvrir son cœur, car cette ouverture résulte de la confiance. Si vous n'avez pas confiance en vous, vous ne pouvez avoir confiance en autrui et vous êtes fermé. Vous n'êtes donc pas vulnérable.

Il vous faut travailler sur la vulnérabilité afin de retrouver cette sensation de «lâcher-prise», de confiance et d'abandon de soi.

Cet exercice s'adresse au physique. C'est un début...

L'exercice se pratique à deux.
— Asseyez-vous en appuyant votre dos contre votre partenaire.

— Laissez-vous aller et devenez complètement mou, totalement abandonné, et fermez les yeux.

— Allongez-vous ensuite sur le sol et demandez à votre partenaire de vous trimballer en tout sens dans la pièce où vous vous trouvez. Vous devez vous laisser faire sans opposer aucune résistance, sans esquisser aucun mouvement.

— Au bout de quelques minutes, inversez les rôles.

Qu'avez-vous ressenti en tant que poupée de chiffon?

Quelles leçons tirez-vous de cette expérience?

Exercices pour le chakra du cœur

Deuxième exercice: Laissez-vous tomber!

Cet exercice va un peu plus loin que le précédent. Il repose encore davantage sur la confiance en soi, en l'autre et en l'Univers. Rappelez-vous que votre sentiment de confiance représente votre relation avec l'Univers, le pôle yang, et donc votre relation avec votre père et avec les hommes en général.

Cet exercice se pratique également à deux.
— Vous êtes debout, les yeux fermés, et votre partenaire se place derrière vous.
— Prenez le temps de vous détendre complètement en respirant tranquillement.
— Votre partenaire compte jusqu'à 3, et à 3, vous vous laissez tomber en arrière en totale confiance.
— Votre partenaire vous rattrape à l'ultime instant.
— Répétez l'exercice plusieurs fois, jusqu'à ce que vous y soyez totalement à l'aise, puis inversez les rôles.

Décrivez votre «ressenti» à la suite de cette expérience:

Quelles leçons en tirez-vous par rapport à la confiance?

Troisième exercice: L'étreinte

Voici un exercice qui va vous sembler beaucoup plus facile, mais il est probable que c'est celui que vous réussirez le moins bien. Il repose sur votre attitude par rapport à l'autre, à celui que vous aimez ou que vous croyez aimer. Savez-vous l'«accueillir» dans vos bras? Eh oui! vous êtes déjà hors course! Vous, vous «prenez» quelqu'un dans vos bras. Moi, je l'accueille ou je le reçois dans mes bras.

Si vous prenez quelqu'un dans vos bras, vous faites preuve de possessivité, vous manifestez votre besoin de l'autre. C'est tout ce que l'on veut, sauf de l'amour. Vous me suivez?... Non, vous êtes déjà tous partis... Ce n'est pas grave, je sais que ce n'est pas facile, la remise en question. Allez, un peu de courage, on recommence.

L'exercice qui suit va vous faire travailler le «donner» et le «recevoir». Il est plus subtil qu'il n'y paraît. Dans une étreinte, vous pouvez faire passer beaucoup de choses: la confiance, le «donner» et le «recevoir», l'amour, la sécurité, la paix, etc. À vous de jouer!...

— Vous êtes debout, avec votre partenaire en face de vous.

— Accueillez votre partenaire dans vos bras. Comment vous y prenez-vous? Soyez attentif à vos moindres gestes. L'écrasez-vous contre vous, pour lui faire sentir combien vous l'aimez (aïe! aïe! aïe!)? Recherchez-vous le contact total entre vos deux corps ou gardez-vous un certain recul? Vous abandonnez-vous en totale confiance?

Qu'avez-vous ressenti durant cette étreinte?

Qu'avez-vous appris sur le «donner» et le «recevoir»?

Quelles leçons tirez-vous de cette expérience?

Quatrième exercice: L'échange

Voici un exercice plus sophistiqué et plus profond sur le «donner» et le «recevoir». Il doit être fait dans une ambiance sacrée, dans un lieu spécial où les deux partenaires se sentent particulièrement bien ensemble.

Allumez une bougie, faites brûler un peu d'encens pour créer une atmosphère de recueillement.

Cet exercice comprend trois phases. Les deux premières servent de préparation et se font seul.

- Dans un premier temps, il faudra vous purifier. Vous pouvez visualiser une douche de lumière qui coule sur vous, qui nettoie votre aura, qui se déverse dans chacun de vos chakras afin de les purifier. Prenez votre temps.

- Vous pouvez imaginer que tout ce qui est impur ou négatif dans vos chakras ou dans votre aura coule avec cette douche de lumière, pour aller jusque dans la terre, où tout cela est brûlé.

Qu'avez-vous ressenti lors de cette première phase?

- Dans un deuxième temps, vous allez vous intérioriser et placer votre conscience et votre respiration dans chacun de vos sept chakras, en commençant par le chakra racine.

- Demandez à votre intuition qu'elle vous donne un symbole représentant ce qu'il y a de plus précieux à donner dans chaque chakra, comme si vous souhaitiez faire un cadeau à votre partenaire.

- Posez-vous la question suivante: «Quel est le symbole représentant ce que j'ai de plus précieux à donner dans ce chakra?»

- Notez tous vos symboles.

Symbole du chakra racine:

Symbole du chakra sacré:

Symbole du chakra solaire:

Symbole du chakra du cœur:

Symbole du chakra laryngé:

Symbole du chakra frontal:

Symbole du chakra coronal:

Qu'avez-vous ressenti lors de cette deuxième phase?

— Dans un troisième temps, vous allez échanger vos symboles avec ceux de votre partenaire, qui aura fait le même exercice que vous.
— Mettez-vous face à face, en posture de méditation.
— Relaxez-vous quelques instants.
— Celui de vous deux qui commence place sa conscience et sa respiration dans son chakra racine.

- Il visualise ensuite son symbole dans son chakra racine.
- Il voit alors son symbole quitter son chakra racine pour le chakra racine de son partenaire, en même temps qu'il fait le geste de tendre ses mains vers son partenaire, comme s'il lui donnait quelque chose de concret.
- Il lui dit alors: «Je te donne le meilleur de mon chakra racine.»
- Et le partenaire de faire le geste de celui qui s'ouvre totalement en écartant les bras et de répliquer: «Je reçois le meilleur de ton chakra racine.»
- Inversez ensuite les rôles au niveau du chakra racine.
- Puis, passez au chakra sacré et continuez de la même façon, jusqu'au chakra coronal.

Qu'avez-vous ressenti en donnant vos symboles?

Quels ont été les chakras les plus intenses?

Qu'avez-vous ressenti en recevant les symboles de votre partenaire?

Quels ont été les chakras les plus intenses?

Quelles leçons tirez-vous de votre expérience, sur le «donner» et le «recevoir»?

Cinquième exercice: L'énergie d'amour

Voici un exercice pour finir en beauté. Contrairement aux précédents, il est tout à fait possible de le faire seul; c'est même presque recommandé. Il ne faudra cependant le pratiquer que lorsque vous vous sentirez très bien intériorisé, très calme, très bien en vous-même. L'idéal serait de l'exécuter après quelques exercices comme ceux que je viens de vous présenter, ou après une ou deux méditations.

Cet exercice se déroule en quatre phases. Le mieux serait de faire les quatre phases à la suite, sans rouvrir les yeux, et en restant bien centré dans votre chakra du cœur. Vous obtiendrez ainsi les meilleurs résultats. Si cela vous semble trop difficile, commencez par expérimenter chaque phase indépendamment les unes des autres. Mais, dans ce cas, je ne puis garantir le résultat.

Première phase:
— Centrez-vous dans votre chakra du cœur et visualisez un écran comme si vous étiez dans une salle de cinéma.
— Sur cet écran, visualisez une personne que vous aimez profondément.
— Exprimez-lui tout l'amour que vous ressentez pour elle.
— Laissez votre cœur s'ouvrir et donnez-lui tout votre amour.
— Sentez-le couler sur cette personne.

Qu'avez-vous ressenti durant cette première phase?

Deuxième phase:
— Restez centré dans votre cœur et laissez disparaître l'image de la personne aimée.
— Faites maintenant apparaître votre propre image sur votre écran.

— Ouvrez votre cœur au maximum et exprimez tout l'amour que vous avez pour vous-même.
— Aimez-vous et acceptez-vous comme vous êtes, et laissez couler votre énergie d'amour pour vous-même.

Qu'avez-vous ressenti lors de cette deuxième phase?

Troisième phase:
— Restez toujours centré dans votre chakra du cœur et laissez disparaître votre image.
— Appelez, invoquez l'énergie d'amour de votre âme.
— Visualisez-la comme une source rose qui coule depuis la profondeur de votre être.
— Visualisez et ressentez que cette énergie rose d'amour vient du plus profond de vous-même, qu'elle remplit votre chakra du cœur, puis qu'elle déborde et coule à l'infini.
— Laissez-vous aller et ressentez.

Qu'avez-vous ressenti lors de cette troisième phase?

Quatrième phase:
— Restez toujours dans votre chakra du cœur et appelez sur votre écran la personne que vous aimez.
— Laissez couler tout votre amour; puis, stoppez net le flot de votre amour et relancez-le au bout de quelques instants.
— Pratiquez cet exercice plusieurs fois.

Qu'avez-vous ressenti lors de cette dernière phase?

Quelles sont vos conclusions concernant l'énergie d'amour?

Amusez-vous bien avec ces exercices. Ne les prenez pas au sérieux et n'en attendez pas de résultat. C'est la meilleure garantie qu'ils se montreront efficaces et qu'ils vous apporteront des «ressentis» du cœur.

Chapitre 7
Sexualité sacrée et Tantra

La sexualité est un élément important dans la vie du couple. Beaucoup de couples se créent uniquement à cause de l'attraction sexuelle. La loi d'attraction ne régit pas que la sexualité, car c'est l'une des lois de base dans ce monde de dualité. Les complémentaires s'attirent, à cause de la loi d'attraction.

La loi d'attraction existe également au niveau des atomes avec les électrons qui tournent autour de leur noyau, de même qu'elle fonctionne dans le macrocosme, avec les planètes qui tournent autour du Soleil. Toujours et encore la loi d'attraction.

Il y a plusieurs millions d'années eut lieu la séparation des sexes. Ce fut la fin de l'autofécondation et le début de la sexualité. L'être humain de cette lointaine époque (aux temps de la race lémurienne) prit une forme sexuée masculine ou féminine et il dut s'accoupler avec un autre être de forme complémentaire. Ce sont les guides de la race qui enseignèrent la sexualité à ces premiers êtres sexués.

La sexualité était alors un acte sacré posé dans l'unique but de procréer. L'acte sexuel était totalement spirituel. De façon absolue, on peut dire que la relation entre les deux partenaires était parfaite, car elle associait complètement un acte d'amour physique avec le «ressenti» et la connexion spirituels qui allaient de soi à l'époque.

L'acte sexuel ne se pratiquait qu'entre des âmes exactement sur la même longueur d'onde, que l'on appellerait aujourd'hui des âmes sœurs. Il aurait même été possible qu'une âme s'incarne à la fois dans deux corps, l'un masculin et l'autre féminin, ce qui aurait généré, bien plus tard (il y a quelques milliers d'années seulement), ces légendes voulant que les âmes jumelles soient les deux moitiés d'une même âme.

Pendant très longtemps encore (des millions d'années!), les êtres humains restèrent connectés à leur Source, car ils n'étaient pas encore denses comme ils le sont aujourd'hui. Ils habitaient un corps éthérique et n'avaient pas de corps physique dense.

C'est durant l'époque atlante que beaucoup de choses se modifièrent. À la suite de certains cataclysmes et d'une involution grandissante, le corps «physique» de l'être humain se densifia de plus en plus. C'est la Terre qui, en se refroidissant, a permis cette densification. Et plus le corps se densifiait, plus l'âme perdait la maîtrise sur celui-ci.

Pendant ce temps, le corps astral ou émotionnel prenait de plus en plus d'importance; la mémoire se développait.

Puis vint l'époque que les anciennes traditions nomment la «Chute». Peu avant cette période, l'être humain avait été doté d'un «Moi», ou mental individuel, qui lui permettait de se percevoir comme une entité pouvant connaître et réfléchir.

Lors de la «Chute», l'être humain fut coupé de sa source spirituelle. Des entités reliées à la Lune l'influencèrent afin qu'il expérimente le plan astral et qu'il cède à tous ses désirs. Ces entités enfermèrent l'être humain dans le monde astral, et la conscience de ce dernier «tomba» dans l'astral, d'où le concept de la «Chute».

L'être humain ne s'identifia plus qu'à ses désirs, ce qui donna lieu à toutes sortes de mirages ainsi qu'à la cupidité, l'avidité, la possessivité, etc., lesquels, à leur tour, amenèrent les maladies et la mort.

Le processus de la réincarnation se mit en route et la durée de la vie humaine diminua considérablement.

Avant la «Chute», l'être humain s'incarnait et se désincarnait à volonté, et il n'était jamais coupé de sa source. Quand il était désincarné et qu'il se trouvait dans le monde invisible, il pouvait rencontrer toutes les entités les plus lumineuses. Quand il était incarné, il restait en contact avec le monde spirituel et ces entités lumineuses.

Après la «Chute», l'être humain perdit le contact. Il n'avait plus aucun contact quand il s'incarnait. Il lui fallait, comme aujourd'hui, trouver un temple où se donnait un enseignement spirituel qui l'aiderait à se reconnecter à sa source. Il restait au niveau astral.

Quand il était désincarné, il n'avait accès qu'au plan astral, où ne se trouvaient que des êtres appartenant à son niveau de conscience; là non plus, il n'avait pas accès aux entités lumineuses les plus avancées. Incarné ou non, il demeurait prisonnier du plan astral et déconnecté de sa source.

C'est à partir de cette époque que, influencé par certaines entités lunaires disposant d'une bonne maîtrise de l'astral, il commença à vivre la sexualité différemment, en essayant d'en tirer un maximum de satisfactions émotionnelles et physiques. Il changea de plus en plus souvent de partenaire et chercha toutes sortes de moyens pour accroître son plaisir en faisant l'amour.

La sexualité perdit son aspect spirituel et devint un mirage, c'est-à-dire une illusion sur le plan astral. L'être humain ne vit plus l'amour comme un acte sacré qui le connectait à sa source mais comme un moyen pour stimuler son corps astral et en tirer toutes sortes de sensations.

**En perdant la connexion avec sa source,
l'être humain avait tout de même gagné le libre arbitre.**

Avant la «Chute», l'être humain était en parfaite connexion avec sa source et il n'agissait qu'en accord avec elle. Il ne lui serait pas venu à l'idée (de toute façon, il n'avait pas de mental individuel) de désobéir à sa source, à ce qu'il ressentait et à ce que lui conseillaient les guides de l'humanité. Il n'utilisait donc pas ce que l'on appelle aujourd'hui le libre arbitre.

Ce n'est qu'à cause de la «Chute» que l'être humain put connaître le libre arbitre (le fameux arbre de la connaissance!). N'étant désormais plus connecté à sa source, il devait se guider tout seul. C'est à partir de cette période qu'il obtint le libre arbitre d'agir à sa guise, en même temps qu'un mental qui se sophistiqua afin de répondre à ses besoins.

Nous voilà arrivés à peu près au milieu de l'ère atlante. L'être humain fonctionne uniquement dans l'astral et ne vit que pour les sensations et les émotions qu'il ressent, notamment par le biais de la sexualité.

Parallèlement, l'être humain voit s'ouvrir devant lui la Porte de l'Initiation. Les guides de l'humanité ressentent alors qu'il est temps que l'être humain franchisse cette porte. Celui-ci dispose ainsi du moyen de sortir de l'astral grâce à l'évolution spirituelle et à l'Initiation.

À cette époque comme aujourd'hui, les gens faisaient l'amour soit pour la procréation (ceux de nature passive ou inerte), soit pour le plaisir (ceux de nature active ou dynamique). Les guides de l'humanité décidèrent de proposer une troisième alternative afin de redonner à la sexualité son aspect sacré.

Entre-temps, l'Atlantide avait sombré, entraînant la fin d'une civilisation (appelée la race atlantéenne en ésotérisme) et en permettant la naissance d'une nouvelle (appelée la race aryenne, qui désigne l'ensemble de toutes les races de notre civilisation moderne postatlantéenne).

Cette nouvelle civilisation, qui est toujours la nôtre actuellement (les archives initiatiques nous disent qu'elle est la cinquième depuis que l'homme s'est incarné sur cette terre après les civilisations ou races polaire, hyperboréenne, lémurienne et atlantéenne), débuta il y a douze mille ans, dans le sud de l'Inde actuelle.

**C'est l'Inde (qui s'appelait alors Bharata)
qui est la Mère de cette cinquième race.**

De grands sages et de grands guides créèrent une civilisation spirituelle qui domina le monde entier. L'influence de l'Inde s'est répercutée jusque dans les civilisations amérindiennes, chez les descendants des atlantes.

L'influence de l'Inde antique se fit sentir durant des milliers d'années puis elle s'effondra. Les périodes qui suivirent furent dominées par la Perse antique, puis par l'Égypte et la Chaldée, puis par la civilisation gréco-romaine, pour aboutir à la civilisation européenne qui, aujourd'hui, a fait place à la civilisation américaine.

Nous vivons actuellement le passage du «pouvoir» entre les cinquième et sixième sous-races (1re: hindoue; 2e: perse; 3e: égypto-chaldéenne; 4e: gréco-latine; 5e: européenne et 6e: américaine).

> **Chaque civilisation ou race donne naissance à sept sous-races avant que surgisse une autre race mère.**

La septième sous-race de notre civilisation aryenne devrait être l'asiatique. Ensuite, après un cataclysme (destruction par le feu, lorsque l'être humain essaiera de maîtriser l'énergie du Soleil et de l'associer à celle de la Terre), l'être humain passera à la sixième race, qui sera la «race bleue» (d'ici de quatre à cinq mille ans). Enfin, dans quelques millions d'années, l'être humain expérimentera la septième race, qui sera la «race dorée».

Mais, comme la sexualité disparaîtra dans le courant de la sixième race, revenons au présent. Ou plutôt dans un passé récent, qui a eu lieu il y a quelques milliers d'années.

Le retour de la sexualité sacrée

Au début, l'être humain faisait l'amour en étant dans son cœur; puis il était descendu, avait «chuté», et il ne faisait plus l'amour que dans son ventre (avec les chakras racine et sacré). Les guides spirituels incarnés dans l'Inde antique lui proposèrent alors de faire de nouveau l'amour avec son «cœur». Ainsi naquit la troisième manière de faire l'amour, dans un dessein de Réalisation du Soi.

Quelques grands Maîtres commencèrent à transmettre des techniques liées à la sexualité pour redonner à celle-ci son aspect sacré. Ils permirent aux aspirants de réintégrer la sexualité à la spiritualité. D'ailleurs, les grands Maîtres hindous de ces temps anciens vivaient tous avec une compagne.

> **L'un des plus grands textes du Tantra, le Vijnana Bhairava Tantra, est un enseignement transmis par Shiva à sa Shakti Parvati (sa compagne, son parfait complémentaire) afin d'atteindre l'éveil. Shiva donne 112 méthodes pour atteindre l'éveil, dont certaines sont liées à la sexualité.**

Ainsi, ces grands Maîtres avaient compris que la sexualité pouvait devenir le plus puissant des attachements, mais aussi qu'elle pouvait être utilisée comme moyen de se libérer et de s'éveiller.

Je vous propose maintenant d'étudier quatre méthodes de Shiva ayant trait à la sexualité et qui sont décrites dans ce traité tantrique intitulé le Vijnana Bhairava Tantra.

Première méthode

Pendant la caresse, douce princesse,
entre dans l'amour comme dans une vie sans fin.

Dans cette phrase, Shiva incite sa compagne Parvati à entrer totalement dans son «ressenti», à ne plus devenir que cela.

Entrant dans une profonde concentration, celle-ci va tout d'abord ressentir beaucoup de plaisir. Puis, en devenant ce plaisir, elle ira au centre de ce plaisir, à sa racine, à son origine qui est l'amour dans le centre du cœur. Elle retournera ensuite dans son centre et elle ressentira l'amour comme éternel.

Quoi que vous fassiez, si vous entrez «dedans» et que vous devenez le ressenti de l'acte, vous retournez dans votre centre; car tout ce que vous vivez et ressentez a la même origine: votre être intérieur, votre âme.

Lorsque vous faites l'amour, si vous savez entrer au cœur du plaisir, en son centre où il est le plus intense, vous vous retrouverez dans un espace de paix et d'amour qui n'est autre que votre centre du cœur. Ainsi, la sexualité redevient sacrée. Elle n'est plus simple désir sexuel ou libération des tensions, mais un moyen de reprendre contact avec sa source intérieure.

Deuxième méthode

Au début de l'union sexuelle, sois attentive au feu du
commencement; continuant ainsi, évite les braises de la fin.

Habituellement, l'être humain fait l'amour pour se libérer de ses tensions. Il le fait lorsqu'il a peur, qu'il est insécurisé et anxieux (c'est l'instinct de conservation qui joue) ou lorsqu'il est en colère (vous savez, la fameuse réconciliation après le conflit!).

Le problème est là. Si vous faites l'amour inconsciemment, vous le ferez vite pour vous débarrasser de certaines tensions. Après l'amour, vous vous sentirez plus ou moins libéré, mais vous serez faible et fatigué.

Vous devez savoir que pour faire correctement l'amour, il faut travailler sur soi afin de soulager ses tensions d'une autre manière, afin d'avoir une certaine maîtrise de soi et de ses émotions. Il ne faut pas que l'acte sexuel soit un exutoire au stress. Vous pourrez ainsi le vivre différemment, en n'étant plus pressé d'arriver au but, l'orgasme, la libération des tensions.

Shiva vous propose de vous concentrer sur le début de l'acte sexuel, sur la chaleur et l'énergie que vous ressentez avec votre partenaire. Ressentez cette puissance, ce feu de la matière dans votre bas-ventre. Échangez votre feu intérieur avec celui de votre partenaire. Concentrez-vous sur cet échange d'énergie en essayant de bouger le moins possible.

Détendez-vous, laissez-vous aller. Le véritable acte sexuel est un moment de «lâcher-prise», d'abandon de soi. Il est important d'entrer complètement dans ce que vous ressentez. Si vous n'êtes pas dans ce que vous ressentez, vous êtes duel. Comment alors pourrez-vous faire UN avec votre partenaire, qui sera sans doute dans le même état?

Soyez entier dans l'acte sexuel. Le mental et le «ressenti» doivent être unis. Soyez totalement dans ce que vous ressentez. Lâchez prise, laissez-vous aller et ne pensez pas à la suite.

Si vous êtes uni en vous-même et que vous atteignez rapidement l'orgasme, peut-être ressentirez-vous l'unité avec votre partenaire pendant un instant, mais ce n'est pas cela qu'enseigne le Tantra. Il propose de faire durer la rencontre. Si vous n'allez pas tout de suite à la conclusion de l'acte sexuel, vous pouvez échanger, partager vos énergies avec votre partenaire et créer comme un cercle dans lequel ces énergies circulent et fusionnent aussi longtemps que vous le souhaitez. C'est le cercle tantrique et c'est ce que propose Shiva: la relaxation profonde, l'abandon, l'échange d'énergie.

L'orgasme n'est pas l'élément le plus important de cette méthode. Le plus important, c'est l'échange d'énergie, la fusion avec le partenaire, qui est comme un «support» du divin.

Si vous vous laissez complètement aller selon cette méthode, vous irez de plus en plus profondément en vous-même et dans l'intimité avec votre partenaire. Vous rejoindrez ensemble votre centre et vous ressentirez la fusion, à la fois extérieure et intérieure. Avec cette méthode, la sexualité ira au-delà de la procréation et du plaisir, et elle deviendra un moyen sacré de ressentir l'unité intérieure.

Troisième méthode

Quand, dans une telle étreinte, tes sens se mettent à trembler comme des feuilles, entre dans ce tremblement.

Si vous créez un cercle tantrique en échangeant l'énergie avec votre partenaire, comme je viens de le décrire, vous augmenterez cette énergie. Vous allez peut-être sentir tout votre corps trembler de l'intérieur, comme si toutes vos cellules se mettaient à vibrer et à danser, emportées par cette puissante énergie.

Peut-être aurez-vous peur et que votre mental voudra reprendre la maîtrise de la situation. Laissez-vous aller totalement dans cet acte sexuel sacré, immergez-vous dedans et laissez circuler l'énergie que vous ressentez. Vous la ressentirez alors pleinement et l'accepterez dans tout votre corps. Vous pourrez être entièrement régénéré par cette énergie. L'acte sexuel peut même devenir un moyen d'éveil de la kundalini s'il est pratiqué avec un partenaire dont la kundalini est déjà éveillée.

Si vous sentez votre corps trembler de l'intérieur pendant l'acte sexuel, alors entrez dedans, devenez ce tremblement, ou plutôt cette énergie qui vibre dans chaque partie de votre être.

L'être humain fait l'amour avec son mental, automatiquement, inconsciemment, mécaniquement. Ce faisant, il bloque son énergie; il ne la laisse pas circuler et il refuse la vie.

L'acte sexuel sacré exige l'abandon de soi, l'absence de toute planification. Il demande de se laisser aller complètement à ce que l'on ressent. On devient alors l'énergie, on retourne dans son centre, dans son œur, et l'on se sent unifié.

Quatrième méthode

Même en te rappelant l'union, sans l'étreinte, la transformation.

Avec cette méthode, Shiva propose de se passer de partenaire.

Vous commencez l'étreinte avec votre partenaire mais vous en restez au début de l'acte sexuel. Peu importe la position, le principal est de ne pas faire trop de mouvements de va-et-vient, sinon vous ne pourrez tenir longtemps.

Concentrez-vous sur ce que vous ressentez, sur l'énergie de feu. Immergez-vous totalement dedans. Ne cherchez plus à penser ou à analyser ce qui se passe. Devenez l'énergie.

Imaginez que vous formez un cercle d'énergie avec votre partenaire, que vous partagez votre énergie avec votre partenaire et que vous recevez la sienne. Laissez-vous emporter par cette circulation d'énergie et abandonnez-vous totalement.

Ce «ressenti» d'énergie va vous ramener graduellement au centre de vous-même, et vous vous sentirez unifié en vous. À ce moment de l'étreinte, votre partenaire aura disparu, vous ne le sentirez plus puisqu'il en sera au même point que vous et que vos énergies seront devenues une. Que vous ayez un partenaire ou non ne change rien à ce stade. Vous serez unifié en vous-même et vous ne ressentirez plus l'extérieur. L'acte sexuel deviendra alors une méditation profonde.

Bien évidemment, cela n'arrivera pas la première fois, car il n'est pas facile de changer ses habitudes en matière de sexe. Mais si vous y arrivez, vous connaîtrez ce moment où le partenaire n'a plus d'importance réelle pour l'expérience d'unité. Vous n'aurez plus alors besoin de partenaire.

Si vous avez ancré suffisamment en vous ce «ressenti» de circulation d'énergie, d'abandon à elle, et l'unité intérieure provoquée par cet abandon, vous pourrez le recréer tout seul, à volonté. C'est ce que propose Shiva.

Mettez-vous en posture de méditation ou encore allongez-vous en vous rappelant une étreinte avec votre partenaire. Votre corps a de la mémoire. Aidez-le un peu à se replonger dans ce «ressenti» de l'énergie qui circule en cercle de votre partenaire à vous, et vice versa. Ressentez-le à nouveau en entrant totalement dans ce «ressenti».

Abandonnez-vous à ce «ressenti» et laissez faire votre corps. Vous rejoindrez votre centre et retrouverez votre unité intérieure, sans avoir besoin d'aucun partenaire. Vous serez devenu autonome et vous pourrez ainsi vous sentir détaché de la sexualité. Plus personne ne pourra vous asservir par la sexualité. Vous serez entièrement libre de la vivre avec quelqu'un ou non. Vous n'en serez plus prisonnier. C'est la liberté que propose le Tantra de Shiva.

Retrouvez la sexualité sacrée et libérez-vous-en. Découvrez en vous l'ultime plaisir, celui de la fusion intérieure. Utilisez la sexualité comme un moyen de *ré*union avec votre âme.

Si la procréation ne vous intéresse plus, si vous avez fait le tour de l'acte sexuel classique, alors tournez-vous vers la lumière et explorez la sexualité sacrée. Libérez cette énergie en vous et laissez-la circuler, puis fondez-vous en elle. Vous redeviendrez énergie.

Quelques précisions...

Je vous proposerai un peu plus loin d'autres techniques utilisant la sexualité ci-après, mais je tiens à vous mettre en garde au sujet des techniques de Shiva que je viens de vous proposer. Celles-ci ne peuvent être pratiquées avec des bénéfices réels que sous la conduite d'un Maître ayant réalisé le Soi et versé dans l'art du Tantra.

Aujourd'hui, en Occident, il existe un certain nombre de personnes qui, après être allées pratiquer le Tantra (ou pseudo-Tantra) en Inde pendant quelques mois, reviennent avec un nom hindou et se mettent à enseigner le Tantra. Il s'agit d'une vaste fumisterie!

Le Tantra est une voie spirituelle qui ne peut se maîtriser en quelques mois, ni même en quelques années. Seul un Maître authentique est habilité à en enseigner les méthodes.

Seulement, la sexualité est très attractive, et les gens naïfs s'imaginent qu'ils pourront pratiquer le Tantra et ainsi augmenter leur pouvoir de séduction tout en évoluant spirituellement. Gare aux illusions!

Soyons clairs. Il n'y a plus guère de Maîtres de Tantra actuellement; en tout cas, pas en Occident! Tout ce qui nous est proposé sous le nom de Tantra est, dans le meilleur des cas, sympathique ou anecdotique, mais cela n'a rien à voir avec la voie spirituelle du même nom. C'est un moyen d'attirer les foules à la recherche de sensations fortes, sous le couvert «respectable» de l'évolution spirituelle.

La réalité est tout autre. Ces gens (les enseignants et leurs élèves) ont tout simplement besoin de se défouler sexuellement dans un état d'esprit qui était celui des années 70, soit le style «faites l'amour et pas la guerre». C'est gentil, mais cela n'a rien à voir avec l'évolution spirituelle. Je suis désolé de briser ainsi quelques illusions!...

Je vous ai donné un aperçu de la vision tantrique de la sexualité, mais la sexualité n'est pas tout le Tantra. Loin de là, puisque les quatre méthodes que je vous ai présentées ci-dessus sont les seules, parmi les 112 qui existent, où Shiva fait référence à la sexualité!

Il est vrai que le Tantra, qui part du principe de l'acceptation pleine et entière de ce que la vie nous propose, inclut la sexualité alors que ce n'est pas le cas pour beaucoup d'autres voies spirituelles. Mais la sexualité n'est qu'une petite partie du Tantra. De plus, la sexualité du Tantra n'est pas celle que connaît le profane, mais plutôt l'utilisation de l'énergie sexuelle comme moyen d'évolution spirituelle, à partir de toutes sortes de techniques de méditation à expérimenter seul.

J'aimerais maintenant vous donner quelques indications sur une autre approche du Tantra.

Le Tantra ésotérique

Le Tantra ésotérique, ou suddha (pur), a été transmis, notamment, par le Mahavatar Babaji à sa disciple, qui s'est fait connaître sous le nom de Brahmani, c'est-à-dire la femme ayant réalisé le Soi. Brahmani le transmit à son tour à Ramakrishna, reconnu comme un Avatar de Krishna, un grand saint ayant vécu au siècle dernier en Inde, et qui était également un grand bhakta (adepte de la dévotion).

> **Il faut savoir que toute voie spirituelle
> a un aspect ésotérique (ou secret)
> et un aspect exotérique (ou «grand public»).**

Lorsqu'une voie spirituelle est créée par un Maître ayant réalisé le Soi, elle demeure ésotérique durant un certain temps. Puis, elle est peu à peu divulguée et connue des intellectuels et du grand public. Elle est alors interprétée par les intellectuels et les philosophes, et elle devient exotérique.

Entre ce qu'elle était au départ, dans sa pureté, étant transmise de Maître à disciple, et ce qu'elle est devenue, après toutes sortes d'interprétations par les intellectuels, il y a un gouffre! En fait, une partie de cette voie spirituelle reste secrète (ésotérique) parce que transmise uniquement par la bouche même d'un Maître authentique. Une autre partie, destinée au «grand public», n'est plus qu'une vague approche de la voie transmise originellement.

- La partie ésotérique d'une voie spirituelle reste efficace tant que des Maîtres authentiques continuent de la transmettre tout en l'adaptant à l'être humain qu'ils rencontrent à chaque époque. Elle peut faire évoluer des aspirants et amener des disciples jusqu'à l'Illumination.

- La partie exotérique n'a plus aucune efficacité. Elle n'est là qu'à titre d'information, quand elle ne plonge pas dans l'illusion ceux qui cherchent à interpréter les notions trouvées dans les livres.

- **Chaque voie spirituelle authentique est une clé pouvant ouvrir la Porte de l'Initiation.**
- **Chaque voie spirituelle s'adresse à une catégorie d'aspirants qui sont en accord vibratoire avec l'énergie de cette voie spirituelle transmise par un Maître ayant réalisé le Soi (cinquième Initiation).**

Tous les aspirants appartenant à une même énergie se retrouvent dans une voie spirituelle bien définie et forment donc une sorte de «famille spirituelle». Le «chef de famille» est le Maître qui détient la clé de cette voie spirituelle.

Chaque Maître ayant réalisé le Soi vient avec une clé. Beaucoup s'incarnent pour transmettre la clé d'une voie spirituelle qui existe depuis très longtemps. D'autres s'incarnent pour fabriquer une nouvelle clé, en s'appuyant sur une nouvelle énergie en émergence, comme aujourd'hui celle de l'ère du Verseau. Ils y associent leurs connaissances de l'être humain et du sentier de l'évolution spirituelle et ressentent ce dont l'aspirant qui s'est incarné à cette époque a besoin pour évoluer. De ce point de départ, ils créent une nouvelle voie spirituelle, c'est-à-dire une clé adaptée à l'être humain actuel, et qui n'aurait pas fonctionné dans le passé.

Jusqu'à présent, la majorité des Maîtres en incarnation ont transmis des voies spirituelles du passé, mais aujourd'hui, à l'aube de l'ère du Verseau, d'autres voies ou clés sont créées, car l'être humain est en train de faire un bond prodigieux dans l'évolution, et de nombreuses voies anciennes ne sont plus adaptées. Nombre de ces voies spirituelles sont orientales et elles ne conviennent pas à la nature de l'Occidental. Certaines autres ont été créées pour les habitants de certaines régions de l'Orient ou même de l'Inde qui avaient une nature particulière. Ce qu'il nous faut présentement, ce sont des voies spirituelles beaucoup plus universelles.

Dans un lointain passé, de grands Maîtres ou Avatars sont venus avec de nombreuses clés (ce qui est rarissime), comme le Bouddha ou Krishna.

Bouddha disposait de neuf clés et il a transmis neuf voies spirituelles à ses disciples! À la fin de sa vie, lorsqu'il quitta le plan terrestre, neuf de ses disciples, tous illuminés, décidèrent de former un groupe afin que chacun garde une clé qu'il transmettrait à la fin de sa vie à un disciple sûr.

Depuis, ce groupe fonctionne en gardant ces neufs clés. C'est un groupe ésotérique demeuré secret, qui transmet les clés aux Maîtres en incarnation qui sont là pour un enseignement précis.

Krishna, incarné aujourd'hui en tant que Babaji, a également transmis, au fil des siècles, une dizaine de clés à différents Maîtres en incarnation. C'est ainsi que Brahmani se vit confier le vaisnab ou suddha Tantra et qu'elle l'enseigna elle-même à Ramakrishna.

Aujourd'hui, le Tantra ésotérique semble «perdu», au profit du Tantra exotérique et «grand public». Seul le premier est évolutif, alors que le second entre dans la catégorie des curiosités orientales à déguster modérément entre amis.

Voyons un peu sur quoi repose le suddha Tantra. Il est basé sur la règle des 5 «M»:

1) Mangsa, la viande.
2) Mada, le vin.

3) Matsya, le poisson.

4) Mudra, le geste.

5) Maithuna, l'union.

Ces cinq mots, évidemment symboliques, contiennent une vérité ésotérique. Pris à la lettre et interprétés par un mental ignorant qui tiendrait compte de l'acceptation totale recommandée dans le Tantra, nous aboutirions à ceci:

- Dans le Tantra, on accepte tous ses désirs et on s'unit avec tous les partenaires que l'on sent en accord avec soi (la soit-disant libération sexuelle). On fait l'amour dans toutes sortes de postures.

- Dans le Tantra, on accepte même la viande, le vin et le poisson, ou alors on refoule et on s'en passe pour se donner bonne conscience.

Ces concepts n'ont rien à voir avec le véritable Tantra ésotérique.

En quoi consiste celui-ci?

1° Le premier «M», la viande, correspond à une technique utilisée dans différents yogas et qui consiste symboliquement à «manger sa langue». Ainsi, l'aspirant «mange» bien de la «viande». Cette technique est utilisée dans le cadre du Jyoti Yoga ou Yoga de la Lumière que je transmets, mais à un stade avancé de l'évolution de l'aspirant.

2° Le deuxième «M», le vin, est la suite de ce à quoi j'ai fait allusion au paragraphe précédent. Il permet de goûter le nectar ambroisie, qui est considéré traditionnellement comme le plus doux des vins. Il fait référence à une substance sécrétée par le cerveau et que l'on peut goûter à un stade avancé de l'évolution spirituelle, grâce à la technique du numéro 1.

3° Le troisième «M», le poisson, correspond aux canaux éthériques Ida et Pingala, situés dans la moelle épinière éthérique. Ils sont comme deux rivières intérieures de l'être humain (symboliquement représentées par les fleuves hindous Yamuna et Gange), dans lesquelles circulent les deux poissons de l'inspiration et de l'expiration. Il s'agit de les équilibrer grâce à des techniques de

Pranayama (ou exercices respiratoires méditatifs), qui visent à donner de l'expansion au souffle de vie de l'être humain. Ces techniques sont pratiquées dans de nombreuses voies spirituelles, notamment, dans le Jyoti Yoga ou Yoga de la Lumière.

4° Le quatrième «M», le geste, correspond à une série de techniques s'associant au Pranayama et ayant pour but l'éveil de la kundalini, la maîtrise de la rétention du souffle et le samadhi (état de béatitude et d'unité intérieure pouvant déboucher sur l'Illumination). Ce «geste» correspond, en définitive, à une technique particulière qui permet d'entendre le son divin et d'atteindre le samadhi. Cette technique provoque également la vision du Soi dans le chakra frontal.

5° Le cinquième «M», l'union, correspond aux techniques de Pranayama qui permettent l'éveil de la kundalini. Lorsque la kundalini est pleinement éveillée, elle atteint, dans un premier temps, le chakra frontal, où elle provoque l'unité intérieure (personnalité intégrée) yin-yang et le samadhi. Puis, dans un deuxième temps, elle provoque l'union entre Shakti (la personnalité ou l'énergie créatrice) et Shiva (l'âme ou la conscience divine). C'est l'Illumination!

Vous comprenez que ces techniques demandent un haut niveau de conscience et qu'elles ne peuvent pas être révélées dans le cadre de cet ouvrage. Elles ne sont transmises que par la bouche d'un Maître Réalisé jusqu'à l'oreille d'un disciple ou d'un aspirant suffisamment avancé sur le sentier spirituel.

Le vaisnab ou suddha Tantra se pratique donc seul et non en couple.

Il consiste à accepter son corps (la viande); à apprendre à faire circuler l'énergie en soi et à la maîtriser (le poisson); à s'autorégénérer par le nectar dispensé par la kundalini (le vin); à s'unir intérieurement au niveau de sa personnalité, dans un premier temps, puis avec le Soi dans un deuxième temps (l'union), grâce à des techniques respiratoires et méditatives (le geste).

En dehors de ces techniques, les aspirants tantriques utilisent le mantra et le yantra.

- Le mantra est un mot ou une phrase chargé d'une vibration divine particulière; il permet de purifier le mental et de passer au-delà de celui-ci.

- Le yantra est un dessin symbolique qui représente un schéma énergétique et qui permet une unification intérieure lorsqu'on médite dessus, par exemple une unification des hémisphères cérébraux. (Voir ci-après un yantra qui symbolise l'union yin-yang.)

- En résumé, retenez que le Tantra est une véritable voie spirituelle et non un gadget pour les gens à la recherche de sensations fortes.

- Le Tantra ne vise en aucun cas à améliorer ses performances sexuelles mais à ne plus s'identifier ni à son corps, ni à la sexualité, ni à ses émotions, ni à son mental, comme toutes les voies spirituelles.

- Et, comme toutes les voies spirituelles authentiques, il se transmet uniquement par la bouche d'un Maître ayant réalisé le Soi jusqu'à l'oreille d'un aspirant ou d'un disciple ayant le niveau de conscience requis.

Je tiens à préciser que même si j'utilise certaines techniques communes avec le Tantra (une voie spirituelle que j'ai eu l'occasion de pratiquer et d'enseigner dans d'autres vies), je ne l'enseigne pas. Ce que je propose, ce sont certaines techniques dérivées du Tantra ou d'autres voies spirituelles dans une inspiration permettant de créer une voie de synthèse pour l'Occident.

Du désir à l'innocence

Quand deux êtres qui s'aiment intensément s'unissent,
le désir fait vibrer jusqu'à la moindre de leurs cellules.
Cet amour est énergie et vibration.
Il se crée alors un cercle
où circule l'énergie de désir et d'amour.
Le désir est le moteur, le feu qui s'apprête à enflammer
les corps
et qui accélère les vibrations des atomes des deux amants.
Plongés au plus profond d'eux-mêmes,
en contemplation de l'autre et du divin à travers l'autre,
à la recherche de leur âme,
les deux partenaires goûtent aux fruits de l'amour.
L'énergie qu'ils échangent augmente en intensité
et leur apporte une douce chaleur et une totale relaxation
qui les transporte au seuil d'un univers intérieur.
Unis à tous les niveaux de leur être,
les deux explorateurs de l'amour divin retiennent
leur souffle, afin de mieux s'immerger dans cette
circulation d'énergie
qu'ils ressentent et partagent.
Plongeant toujours au plus profond d'eux-mêmes,
ils rejoignent leur centre.
L'autre disparaît alors car il est devenu UN.
Dans cette fusion des énergies, des corps et des âmes,
les amants redevenus UN,
au-delà du temps et de l'espace,
éclatent de rire en ressentant la grâce divine qui les remplit.
Le nectar de vie et d'amour les régénère,
tel un élixir d'immortalité.
Leurs personnalités oubliées laissent la place
au chant d'amour de leurs âmes unies
qui vibrent et illuminent les deux amants enlacés
pour l'éternité.
L'amour sacré les a reconduits dans leur patrie de Lumière.

Qu'il en soit ainsi...

Union

Sri Yantra

Le dessin symbolique ci-dessous est appelé Sri Yantra. Il est utilisé dans la sadhana tantrique comme support de méditation. Il représente l'union entre l'homme et la femme ou entre le yang et le yin travaillant à fusionner ensemble en une vibration d'énergie équilibrée et pacifique, afin de transcender la dualité et de ressentir l'unité intérieure.

Chapitre 8
Recyclez votre énergie sexuelle

Lorsque l'être humain est engagé dans une voie spirituelle, il doit travailler sur lui du point de vue de la sexualité. Comme je l'ai expliqué dans mon précédent ouvrage, *Chercheur de Lumière*, la sexualité est un mirage auquel l'aspirant est confronté lorsqu'il souhaite obtenir la maîtrise de son corps astral. Cette constatation signifie que le désir sexuel doit être maîtrisé entre la première et la deuxième Initiations.

L'aspirant qui a passé la première Initiation voit son énergie changer et son intérêt pour la sexualité diminuer. Il commence à se demander quel est l'intérêt de la sexualité.

Dans une voie spirituelle, on apprend que la sexualité peut être vécue de trois manières:

1° Pour la procréation, par les personnes qui ne sont pas engagées dans une voie spirituelle et qui se sont incarnées uniquement pour expérimenter le plan matériel. Ces personnes forment la masse de l'humanité et elles sont de nature plutôt passive.

2° Pour le plaisir, par les personnes qui ne sont pas engagées dans une voie spirituelle ainsi que par celles qui viennent de le faire et qui se préparent à la première Initiation. Ces personnes qui constituent la partie de l'humanité apte à s'engager dans une voie spirituelle, sont de nature active et dynamique.

3° Pour l'Illumination, par les personnes profondément engagées dans une voie spirituelle et qui ont déjà passé la première Initiation. Ces personnes sont de nature dynamique et elles se préparent à la deuxième Initiation en travaillant sur le mirage de la sexualité. Leur travail consiste à prendre conscience de ce qu'est la sexualité: une énergie qui constitue la partie émergée de l'iceberg kundalini. Cette dernière doit être pleinement éveillée et orientée vers le haut, vers les chakras «supérieurs», et non plus vers le bas, comme c'est le cas dans la sexualité «classique».

Le travail sur la sexualité ne peut se faire seul, car il est très délicat, étant surchargé de toutes sortes d'illusions. Il demande un guide très compétent que l'on ne peut trouver que dans le cadre d'une voie spirituelle.

Rappelez-vous que c'est une approche spirituelle de la sexualité que je vous propose, afin que vous disposiez de quelques informations sur le sujet.

Mon but n'est pas de vous donner un cours complet, mais de vous transmettre quelques éléments qui vous donneront une idée de la démarche de l'aspirant qui évolue dans une voie spirituelle.

**En résumé, les renseignements et les exercices proposés ne peuvent en aucun cas remplacer une évolution spirituelle sous la guidance d'un Maître ayant réalisé le Soi.
Ce livre vous donne des renseignements, mais si vous voulez aller plus loin, il vous faudra vous placer sous la direction spirituelle d'un Guide compétent.
Mes ouvrages sur la spiritualité n'ont pas pour but de remplacer une voie spirituelle mais de vous informer et de vous préparer à celle-ci.**

Je vous propose donc une approche du travail de l'aspirant par rapport à l'énergie sexuelle. Je mets volontairement de côté la partie psychique, dont j'ai déjà traité dans mes précédents ouvrages, pour aborder deux éléments essentiels du travail sur l'énergie sexuelle:

— Le recyclage de l'énergie sexuelle;

— L'éveil de la kundalini.

Le recyclage de l'énergie sexuelle

L'évolution spirituelle consiste à augmenter son énergie intérieure, à lui donner de l'expansion, à la canaliser et à la concentrer, c'est-à-dire à la maîtriser. Pour en arriver là, il ne faut pas la gaspiller.

La majorité des gens ne disposent que de peu d'énergie. De plus, ils la gaspillent en courant après toutes sortes de buts futiles, en ne gérant pas leur emploi du temps de façon efficace et en travaillant de façon non organisée. Ils la dispersent en pensant sans arrêt à toutes sortes de sujets sans intérêt ou en posant toutes sortes d'actes inutiles, ce qui demande un énorme travail de conscience...

Il est une autre occasion où l'être humain perd encore plus d'énergie, et c'est l'acte sexuel. Il est vrai que c'est surtout l'homme qui est ici concerné, à cause de l'éjaculation, mais la femme l'est aussi. (Je n'ose vous révéler quelle est l'importance de la perte d'énergie subie par l'homme au cours de l'éjaculation!)

Quant aux femmes, elles perdent beaucoup d'énergie, chaque mois, lors de leurs menstruations.

Les taoïstes disent que l'homme ne devrait faire l'amour que lorsqu'il en a très envie, ce qui correspond à:

— deux fois par semaine à l'âge de vingt ans;

— une fois par semaine à l'âge de trente-cinq ans;

— deux fois par mois à partir de soixante ans.

Les âges intermédiaires obtiennent un quota intermédiaire.

D'après les taoïstes, si vous faites l'amour en respectant votre cycle de vitalité selon votre âge, vous vieillirez à une vitesse normale, sans trop puiser dans votre vitalité. Si vous faites plus souvent l'amour que ce que recommandent ces données, vous accélérez votre processus de vieillissement. Plus vous vous éloignez de ces moyennes, plus vous enlevez des années à votre vie.

Pour la majorité des gens, il n'y a rien à faire contre cela. Et puis, à quoi bon, puisque l'on doit mourir un jour ou l'autre!

Mais le raisonnement de l'aspirant engagé dans une voie spirituelle est différent puisqu'il doit augmenter son énergie le plus possible afin d'atteindre d'autres plans de conscience et d'éveiller sa kundalini. Il doit apprendre à recycler son énergie sexuelle afin de ne pas la perdre. Le problème n'est pas l'acte sexuel, mais l'énergie qui est perdue pendant cet échange.

Pour l'aspirant, la vie sexuelle doit servir à s'autorégénérer, à exprimer sa créativité et à augmenter son énergie afin d'atteindre l'Illumination (troisième Initiation).

Dans les textes sacrés hindous traitant du yoga, il est dit que l'homme et la femme doivent apprendre à recycler leur énergie sexuelle afin de ne pas la gaspiller durant l'acte sexuel (ou durant les menstruations pour les femmes).

Par exemple, dans la Hatha-Yoga Pradipika, on peut lire:

«Le yogin expert qui conserve ainsi son bindu (semence ou sperme) vainc la mort. La chute du bindu (sperme), c'est la mort; la vie, c'est la conservation du bindu. Par la rétention du bindu, une agréable odeur émane du yogin. Tant que le bindu est immobile dans le corps, qu'a-t-on à craindre de la mort?» (III-88/89)

On trouve dans ce texte la clé de la régénération, du rajeunissement et du recyclage de l'énergie sexuelle.

Les taoïstes chinois et les yogis hindous ont mis au point des techniques simples ayant pour but le recyclage de l'énergie sexuelle. Ces techniques permettent de transmuter l'énergie sexuelle, c'est-à-dire de la faire monter vers les chakras «supérieurs», et de régénérer les glandes endocrines. Ce sont tous les organes qui en profitent, ainsi que l'ensemble du corps.

Les maladies disparaissent, le corps rajeunit et le rayonnement de l'aura s'intensifie. L'aspirant dispose de plus d'énergie, ce qui lui permet de se préparer à l'Initiation suivante.

> **En fait, la plus grande quantité d'énergie dont l'être humain dispose se situe dans le bas-ventre. Tous les enseignements ésotériques sont d'accord là-dessus.**

Le reste du corps dispose de beaucoup moins d'énergie. Le corps peut être malade et faible alors qu'une quantité considérable d'énergie dort dans son ventre, ne demandant qu'à être utilisée pour le plus grand bien du corps entier. Comme cette énergie n'est pas seulement physique, mais également éthérique et électrique, c'est donc la totalité de l'être qui peut en profiter.

> L'être humain peut trouver un équilibre parfait
> en utilisant cette énergie pour soigner
> et renforcer son corps physique, calmer son corps
> émotionnel et maîtriser ses pensées afin de devenir
> un créateur manifestant pleinement son potentiel divin.

Le but des taoïstes ou de certains yogis, en réveillant la kundalini, est d'utiliser pleinement ce potentiel énergétique afin de faire circuler l'énergie dans tout le corps, puis de réaliser le Soi. C'est aussi le but du Jyoti Yoga, ou Yoga de la Lumière.

Les techniques présentées ci-dessous ont pour but de faire réassimiler entièrement les sécrétions hormonales par le corps afin que celui-ci garde son plein potentiel créateur et évolutif. Au lieu que les sécrétions hormonales (comme le sperme chez l'homme) soient perdues, elles sont réinjectées dans le flux sanguin, où elles servent à alimenter le corps et les glandes endocrines afin de régénérer totalement l'être.

Retenez que l'énergie sexuelle est double: une partie sert à la procréation et une autre à la créativité (les scientifiques l'ont d'ailleurs découvert récemment). Si vous recyclez votre énergie sexuelle, la totalité de cette énergie servira à la créativité et à l'autorégénération.

Peu importe si vous faites l'amour ou non, l'important est de maîtriser votre énergie en apprenant à recycler votre énergie sexuelle. Plus tard, lorsque l'aspirant a réveillé son énergie kundalini, il devient capital qu'il recycle son énergie. Sinon celle-ci reste dans son bas-ventre, d'où elle alimente son inconscient et tous ses désirs chaque fois qu'il fait l'amour, ce qui l'amènera à une involution plus ou moins dramatique. L'aspirant doit donc impérativement faire monter son énergie et la faire circuler.

Il faut savoir qu'à cause du système d'élimination situé dans le bas-ventre, l'énergie a toujours tendance à descendre (urine, matières fécales, sperme, menstruations) dans cette partie du corps. Toute la difficulté est là.

> Il faut trouver un moyen d'inverser la direction de l'énergie,
> afin de l'obliger à monter plutôt qu'à descendre.

Le Sahajoli Mudra et le Vajroli Mudra

Voici la principale technique de recyclage de l'énergie sexuelle. Elle est simple mais il suffisait d'y penser. Elle demande tout de même quelques semaines ou quelques mois de pratique avant d'être maîtrisée. Cette technique est utilisée par les yogis et les tantrikas, et elle a l'avantage d'être plus précise que celle utilisée par les taoïstes.

Le Sahajoli Mudra (pour les femmes)

— Asseyez-vous sur un coussin, la colonne vertébrale droite, et placez votre talon gauche contre l'entrée de votre vagin. Placez votre pied droit contre votre jambe gauche, ou encore sur votre cuisse gauche, selon votre souplesse. Croisez les mains devant vous.

— Fermez les yeux et respirez lentement et profondément afin de vous relaxer totalement. Placez votre conscience au niveau de votre bas-ventre et des petites lèvres (dans la zone du clitoris, des muscles de l'entrée du vagin et de l'urètre). Concentrez-vous intensément sur cette zone.

— Contractez les muscles de cette zone, comme si vous vouliez vous retenir d'uriner. Essayez de les tirer vers le haut en imaginant un mouvement de succion ou d'aspiration (comme si vous vouliez aspirer de l'air).

— Augmentez graduellement l'intensité et la durée de cette contraction. Conservez-la pendant une dizaine de secondes, puis relâchez-la. Recommencez, et ainsi de suite durant trois ou quatre minutes. Petit à petit, vous pourrez augmenter la durée de vos contractions lorsque vos muscles se seront renforcés.

— Vous pourrez alors visualiser que vous aspirez l'énergie sexuelle de votre bas-ventre afin de la recycler.

Il faut faire cet exercice tous les jours.

Décrivez votre «ressenti» à la suite de cette expérience:

Le Vajroli Mudra (pour les hommes)

— Asseyez-vous sur un coussin, la colonne vertébrale droite, et placez votre talon gauche contre la zone périnéale (à mi-chemin entre l'anus et le scrotum). Placez votre pied droit contre votre jambe gauche, ou encore sur votre cuisse gauche, selon votre souplesse. Croisez vos mains devant vous.

— Fermez les yeux et respirez lentement et profondément afin de vous relaxer totalement. Placez votre conscience au niveau de votre bas-ventre, juste à la base du pénis. Concentrez-vous intensément sur cette zone.

— Contractez les muscles de cette zone, comme si vous vouliez tirer votre pénis vers le haut, en tendant les muscles de votre bas-ventre et en contractant votre système urinaire (comme si vous vouliez vous empêcher d'uriner).

— Pendant que vous contractez les muscles de cette zone, essayez de les tirer vers le haut en imaginant un mouvement de succion ou d'aspiration (comme si vous vouliez aspirer de l'air avec votre pénis). Augmentez graduellement l'intensité et la durée de cette contraction. Maintenez-la pendant une dizaine de secondes, puis relâchez-la. Recommencez, et ainsi de suite durant trois ou quatre minutes. Petit à petit, vous pourrez augmenter la durée de vos contractions lorsque vos muscles se seront renforcés.

— Vous pourrez alors visualiser que vous aspirez l'énergie sexuelle de votre bas-ventre afin de la recycler.

Il faut faire cet exercice tous les jours.

Décrivez votre «ressenti» à la suite de cette expérience:

N.B. Pour les hommes comme pour les femmes, il faut une concentration localisée de façon précise, afin de ne pas contracter les muscles du périnée, par exemple.

L'éveil de la kundalini

J'ai largement abordé ce sujet dans mon précédent ouvrage, mais je souhaite y revenir en le regardant sous l'angle de la sexualité.

> **La kundalini est l'énergie créatrice ou yin, appelée encore «feu de la matière» (ou feu par friction), qui maintient le corps en un tout cohérent.**

Contrairement à ce que l'on pourrait croire, ce n'est pas l'énergie gravitationnelle de la Terre qui maintient cette cohésion du corps, mais la kundalini (sinon les astronautes se désintégreraient dans l'espace!).

La gravité attire l'individu vers le bas, mais son niveau de conscience le rend plus ou moins prisonnier de la gravitation. Plus le niveau de conscience est bas, plus le centre de gravité est bas (au niveau des chakras). Ainsi, l'individu est bien ancré à la Terre mais il est peu évolué.

Lorsqu'il évolue et que son niveau de conscience monte de chakra en chakra, il devient moins sensible à la gravité mais, se déconnectant de la Terre, il risque de devenir plus instable et de perdre l'équilibre. Sa kundalini éveillée lui permettra d'échapper plus facilement à la gravité, mais il «planera» et sera déséquilibré mentalement, parce que son énergie stagnera dans sa tête et dans son mental.

Ce n'est pas le but de l'évolution spirituelle. L'être humain devra faire redescendre son énergie ou, plus exactement, il devra la faire circuler afin qu'elle soit aussi bien en haut qu'en bas, et il verra à garder sa conscience le plus haut possible.

Ainsi, le corps restera bien ancré à la Terre mais il ne sera pas soumis à la gravité de façon excessive, car il sera affiné grâce aux Initiations expérimentées. (Chaque Initiation augmente le niveau vibratoire des cellules; c'est également le travail qu'accomplit la kundalini pleinement éveillée.)

> La kundalini est l'énergie créatrice de l'Univers
> dans le corps; c'est l'énergie la plus concrète de l'âme.
> C'est aussi l'énergie qui correspond à l'aspect Shakti
> ou Mère divine.
> Celle du chakra du cœur correspond à l'aspect amour,
> ou au Christ, ou à Krishna (le Fils).
> Celle de la tête correspond à l'aspect volonté,
> ou Shiva, et au Père divin.

Pourquoi la kundalini est-elle bloquée chez la majorité des gens?

Certainement à cause de la peur inhérente à la matière et à l'incarnation. L'être qui s'incarne a peur de l'énergie. Peut-être se demande-t-il (plus ou moins inconsciemment, d'ailleurs) si cette énergie, une fois libérée, ne va pas détruire son corps. Cette crainte est reliée à la peur de la mort.

L'incarnation implique des limites (il est nécessaire que le corps ait des limites pour être constitué) et, en limitant la place du corps, on en limite l'énergie.

Le chakra racine où la kundalini est prisonnière est celui des limites, qui sont nécessaires à tout processus de formation. Ce chakra structure et met en forme, ce qui sous-tend des limites obligatoires.

> S'il est vrai que la kundalini ne peut s'épanouir
> pleinement dans ce chakra des limitations,
> en revanche, elle peut se révéler totalement en montant
> de chakra en chakra jusque dans la tête, afin de retrouver
> le Père dans les cieux (dans le chakra coronal).

Je vous laisse méditer sur ces quelques sujets. Il est nécessaire d'en faire le tour lorsqu'on réalise un travail sur l'éveil de la kundalini.

Sans entrer dans les détails, voici un petit résumé des différentes étapes du processus d'éveil de la kundalini tel qu'il est vécu par les aspirants et les disciples du Jyoti Yoga ou Yoga de la Lumière.

- Purification du corps physique (yoga physico-énergétique).
- Purification émotionnelle (techniques de travail sur les émotions ainsi que pranayama-mudra-bandha-kriya).
- Purification mentale (individualisation, concentration, méditation, contemplation ainsi que pranayama-mudra-bandha-kriya).
- Ouverture du chakra du cœur par un travail spécifique, puis première Initiation, la «naissance dans le cœur».
- Entraînement particulier avec des exercices visant à éveiller la kundalini (pranayama-mudra-bandha-kriya, méditations sur l'énergie).
- Travail visant à éveiller le canal sushumna et à détruire les nœuds qui empêchent l'énergie de circuler dans ce canal central.
- Premier éveil: après l'éveil du canal sushumna, le «bouchon» qui obstrue le canal central saute, libérant la kundalini qui se réveille.
- Premières montées: la kundalini, encore timide, commence à monter dans le canal sushumna (si l'aspirant n'est pas assez purifié, elle s'égare dans les nadis Ida ou Pingala) et elle s'arrête à l'un ou l'autre des chakras, en commençant un intense travail de purification et de transformation.
- Plein éveil: la kundalini monte directement jusque dans la tête et provoque le samadhi (béatitude au-delà du mental et des sensations). Au chakra frontal, elle déclenche le savikalpa samadhi (béatitude avec un restant d'ego et de dualité) et l'union des différentes parties de la personnalité (personnalité intégrée). Au chakra coronal, elle déclenche le nirvikalpa samadhi (béatitude sans ego ni dualité ou Illumination) et l'union avec l'âme. Shakti a rejoint Shiva.

Quelques exercices pour préparer l'éveil

Je vous propose maintenant quelques techniques pour éveiller votre énergie. Ne rêvez pas. Ces techniques ne vont pas éveiller votre kundalini du jour au lendemain. La nature est bien faite, et on ne peut pas réveiller son énergie kundalini aussi facilement. Rassurez-vous, elle est bien bloquée.

Certains livres écrits par des médecins ou des scientifiques mal informés (et n'ayant tout simplement pas expérimenté eux-mêmes l'énergie kundalini) ont largement contribué à faire circuler des peurs concernant la kundalini. Par ailleurs, il existe également de nombreux professeurs de yoga, en Occident qui, normalement, sont bien placés pour connaître les techniques permettant l'éveil de la kundalini; et pourtant, aucun d'entre eux n'a la kundalini éveillée, ce qui démontre bien que ce n'est pas un travail si facile que cela!

Les exercices que je vous propose ne dispensent en aucun cas d'un travail avec un expert de la kundalini, c'est-à-dire un Maître ayant réalisé le Soi et connaissant bien le sujet. Pour exécuter ce travail correctement et avec un maximum de prudence, il vous faut vous engager dans une voie spirituelle qui inclut ce processus d'éveil.

J'aimerais vous faire ressentir que cette énergie est tout d'abord la vôtre. Qu'elle existe au plus profond de vous-même et qu'elle ne demande qu'à s'éveiller pleinement pour votre plus grand bien.

C'est un phénomène naturel. Mais parfois, la nature a besoin d'un coup de pouce. Tout le cheminement spirituel est constitué de ces «coups de pouce» que l'aspirant doit donner à la nature s'il veut évoluer.

L'être humain dispose de tous les outils nécessaires pour vivre libre de tout attachement et de toute maladie, avec un mental en paix et un corps en pleine santé, et ce, aussi longtemps qu'il le souhaite. Seulement, il doit faire preuve de libre arbitre et de courage afin de libérer tout son potentiel énergétique et créateur.

Les exercices qui suivent vous feront expérimenter ce qu'est l'énergie en dehors de la sexualité, laquelle reste le seul moyen de l'expérimenter pour la majorité des individus. Encore une fois, permettez-moi de vous mettre en garde contre les illusions rattachées à ce domaine. Tout ce que je vous propose n'est fait qu'à titre informatif, afin que vous puissiez vous faire une idée du travail préparatoire à effectuer.

1. La transe

Les musiques de transe-danse peuvent vous aider à faire circuler l'énergie dans votre corps. Ces musiques doivent être convenablement choisies afin d'obtenir l'effet désiré.

- Il s'agit d'entrer complètement dans le rythme (qui doit être très tribal et instinctif) et de laisser votre corps faire ce qu'il veut. Il sait mieux que votre mental où l'énergie est bloquée.
- Si vous vous laissez aller totalement, votre énergie va se mettre à circuler davantage au bout de quelques minutes.

C'est une technique à la fois très simple et très difficile pour l'Occidental habitué à danser dans les discothèques, qui a appris à bouger d'une manière mécanique et robotique, sans aucun naturel. Celui-ci éprouvera des difficultés à se laisser aller et il aura peur des réactions de son corps. Il passera alors à côté de cette formidable technique.

En résumé, cette technique demande au mental de ne plus dominer le corps mais de fusionner avec lui dans une transe totale et extatique.

Décrivez votre «ressenti» à la suite de cette expérience:

2. Le serpent doré

- Asseyez-vous en posture de méditation et fermez les yeux.
- Respirez lentement et profondément, jusqu'à ce que vous soyez totalement relaxé.
- Placez votre conscience dans votre chakra racine, au niveau du bas-ventre.
- Visualisez un carré rouge dans votre chakra racine. Passez au travers, pour vous retrouver à l'intérieur d'un

cube rouge au sein duquel dort un serpent doré qui symbolise votre énergie kundalini.

— Ressentez de la compassion pour ce serpent qui est prisonnier de son cube dans votre chakra racine et qui a pourtant tant à offrir, grâce à sa puissante énergie créatrice.

— Sentez bien votre souffle qui descend jusque dans votre chakra racine et concentrez-vous sur la visualisation de votre serpent doré prisonnier de son cube rouge.

— Prenez maintenant une profonde inspiration et retenez votre souffle. Lorsque vous serez incapable de retenir votre souffle plus longtemps (surtout, ne forcez sous aucun prétexte), expirez en visualisant le serpent qui se réveille et qui essaie de se libérer de sa boîte (le cube rouge).

— Essayez plusieurs fois, jusqu'à ce que votre serpent fasse exploser sa boîte et qu'il s'élance dans votre colonne vertébrale.

— Stoppez alors la visualisation, puis remerciez l'Univers et votre énergie kundalini pour cet exercice.

Décrivez votre «ressenti» à la suite de cette expérience:

3. La mise à feu

— Asseyez-vous, fermez les yeux et respirez lentement et profondément jusqu'à ce que vous vous sentiez complètement relaxé.

— Placez votre conscience dans votre chakra du cœur. Faites appel à votre âme afin qu'elle vous donne une flamme, comme celle d'une bougie.

— Visualisez cette flamme quelques instants dans votre chakra du cœur.

— Descendez votre conscience et la flamme dans votre chakra racine.

— Prenez une profonde inspiration et retenez votre souffle en visualisant que vous mettez le feu à votre chakra racine. Essayez en même temps de ressentir le feu dans ce chakra.

— Lorsque vous ne pourrez plus retenir votre souffle (surtout ne forcez sous aucun prétexte), expirez en sentant que vous lâchez et que votre kundalini se libère en montant dans votre colonne vertébrale.

— Arrêtez alors la visualisation et remerciez l'Univers et votre énergie kundalini pour cet exercice.

Décrivez votre «ressenti» à la suite de cette expérience:

4. La danse tantrique

— Asseyez-vous et fermez les yeux. Respirez lentement et profondément en attendant de vous sentir complètement relaxé.

— Placez votre conscience dans votre chakra racine. Commencez à bouger de l'avant vers l'arrière en vous balançant pendant quelques instants.

— Balancez-vous maintenant de gauche à droite, puis faites bouger votre corps dans un mouvement circulaire, dans le sens des aiguilles d'une montre, comme si vous vouliez décrire des cercles dans l'espace avec votre corps.

— En prenant appui sur vos mains placées de chaque côté de votre corps, tapez vos fesses sur le sol une dizaine de fois (en douceur) afin de détendre la zone physique correspondant au chakra racine. Gardez votre conscience au niveau de ce chakra pendant ce temps.

— Levez-vous ensuite et dansez sur une musique lascive (uniquement instrumentale, si possible) en faisant des mouvements du bassin de l'avant vers l'arrière. Continuez ainsi pendant cinq minutes.

— Pour terminer, allongez-vous et détendez-vous totalement en remerciant l'Univers et votre énergie kundalini pour cette expérience.

Décrivez votre «ressenti» à la suite de cette expérience:

Chakra Racine

Nom sanscrit: MULADHARA (racine, base)
Endroit: périnée (homme), col de l'utérus (femme)
Élément: Terre
Glandes: Surrénales
Corps: Squelette, peau (structure)
Couleur: Rouge
Lettre: M
Nombre de Pétales: 4
Planètes: Saturne, Pluton et Gaïa/la Terre
Signes: Capricorne et Verseau
Nombres: 4 et 22
Métal: Plomb
Sens: Toucher
Yogas: Kundalini Yoga et Hatha Yoga
Animaux: Éléphant, serpent et gros mammifères
Pierres: Rubis, Corail, Grenat et Jaspe rouge
Note: DO
Figure géométrique: Carré

Rencontre avec la Shakti Dakini

Les Dakinis sont d'anciennes représentations symboliques des principes féminins de la sagesse intuitive. Le Tantra parle de 64 Dakinis qui seraient les gardiennes des secrets de l'évolution et de la transformation de l'être humain sur la voie spirituelle.

En Inde, à Orissa, il existe un temple où sont gravées dans la pierre ces fameuses 64 Dakinis ; c'est celui de Ranipur Jharial, qui est considéré comme l'endroit originel où prit naissance l'enseignement des Tantras.

Dans la tradition hindoue, il y a des forces qui sont associées aux différents chakras. Pour le chakra racine, on trouve une Shakti (force féminine) qui porte le nom de Dakini. Cette Shakti Dakini représente la kundalini au stade de l'adolescence non encore éveillée et non adulte.

On la représente généralement sous les traits d'une jeune veuve de dix-sept ans à la peau rose, habillée d'un sari de couleur vermillon. Cette veuve délaissée vit entre deux fleuves (qui représentent les canaux Ida et Pingala). Elle a perdu son mari et ne sait plus comment le rejoindre. Elle sait qu'il vit sur une haute montagne. Elle est passive et résignée et s'astreint à des austérités.

Cette histoire symbolique peut être le point de départ d'une lecture psychique que vous pourrez faire mutuellement avec un partenaire afin de rencontrer votre Shakti Dakini. Peut-être ressentirez-vous alors pourquoi votre kundalini est bloquée.

Lecture psychique de la Shakti Dakini

— Placez-vous face à votre partenaire qui va vous guider.

— Installez-vous en posture de méditation et fermez les yeux.

— Respirez lentement et profondément afin de vous relaxer.

— Descendez votre conscience jusque dans votre chakra racine et visualisez-le comme une spirale de lumière qui tourne dans le sens des aiguilles d'une montre.

— Plongez-vous dedans, pour déboucher dans un cadre naturel où vous rencontrez votre Shakti Dakini, qui représente symboliquement votre kundalini. Vous la rencontrez en vous servant du symbolisme indiqué ci-dessus.

— Vous pouvez lui poser toutes les questions que vous voulez sur sa condition mais vous lui demandez surtout pourquoi elle se trouve ainsi bloquée.

— Laissez maintenant les images disparaître et remerciez l'Univers pour cette lecture.

— Essayez d'en tirer des leçons afin de déterminer ce qu'il faudrait faire pour aider cette Shakti Dakini à se libérer de sa condition.

Décrivez votre lecture:

Leçons à tirer de cette lecture:

La kundalini dans le chakra du cœur

Une fois éveillée, la kundalini peut monter jusque dans le chakra du cœur, où elle devient adulte. Elle apparaît alors comme une belle déesse parée d'un sari blanc. Elle est l'inspiratrice des créateurs et le symbole de la dévotion.

Elle est représentée assise en posture de lotus, pour méditer, et elle invite l'aspirant à gagner les plans de conscience supérieurs.

En tant qu'énergie, elle personnifie le son sacré que l'on entend dans le chakra du cœur. Elle symbolise l'énergie mise au service de l'amour et de la connaissance intérieure (intuition). Elle représente également la capacité d'utiliser la sexualité avec son cœur, ce qui est une manière adulte de la vivre, contrairement à la manière du bas-ventre qui est reliée à l'adolescence.

La Shakti Dakini

Ce dessin représente la kundalini venant de se réveiller, l'aspirant devant apprendre à la maîtriser afin qu'elle puisse monter correctement de chakra en chakra.

La Shakti Dakini essaie de charmer le serpent représentant la force non encore maîtrisée de la kundalini.

Ô toi, belle princesse,
qui s'est réveillée à la suite d'un long sommeil,
Puisses-tu t'épanouir en moi
Et développer tes qualités de Shakti.
Ô toi, charmante jeune femme,
aspire moi vers les plus hautes cimes de la conscience.
Que ta beauté et ton rayonnement
m'élèvent chaque jour vers mon Père,
afin de manifester sa Lumière sur cette Terre.
Ô toi, sublime Shakti,
remplis-moi de ton nectar.
Aide-moi à rejoindre
ma patrie de Lumière.

Chapitre 9
L'amour méditation

Dans ce chapitre, je tiens à vous faire part de mon approche de la sexualité et de l'acte sexuel. Cette approche, je l'ai appelée l'«amour méditation».

L'amour méditation est né sans aucune référence à aucune voie spirituelle connue du passé ni à aucune pratique ancienne ou moderne. Il s'agit simplement d'une expérience que j'ai vécue avec ma compagne durant plusieurs années.

Si vous comparez ma recherche aux enseignements taoïstes ou tantriques, vous y trouverez beaucoup de points communs. C'est normal. Je n'ai pas la prétention d'avoir inventé quoi que ce soit. J'ai simplement redécouvert des vérités qui existent depuis la nuit des temps.

Chaque personne qui souhaite sincèrement retrouver la sexualité sacrée dans un état d'esprit d'amour inconditionnel aboutira certainement aux mêmes expériences et aux mêmes résultats que moi.

Ce chapitre constitue un témoignage et, en aucun cas, un enseignement. Je ne conseille donc à personne d'entamer une recherche de ce type. Toute personne qui souhaiterait s'engager malgré tout dans cette voie devra assumer ses propres responsabilités. (À une époque où la société est composée de gens assistés de toutes parts, je sais bien que je «parle chinois» en mentionnant le mot «responsabilité», mais je n'en connais pas d'autres mieux appropriés.)

Première approche de la sexualité sacrée

Tout vient de l'amour. Sans amour, inutile de prétendre vouloir expérimenter la sexualité sacrée. Sans un profond amour pour son ou sa partenaire, vous ne pouvez que «faire» l'amour avec votre mental, mais sans votre cœur, sans votre âme. Si vous aimez profondément votre partenaire, ce sera déjà un premier point.

Ensuite, il vous faut la conscience. Pratiquer la sexualité sacrée uniquement pour le plaisir est idiot. Elle doit être pratiquée avec le dessein de développer la conscience, le détachement et l'observation. La sexualité ne constitue pas un but en soi mais, éventuellement, une étape ou un moyen de maîtriser son énergie et d'atteindre d'autres plans de conscience.

Si vous n'êtes pas engagé dans une voie spirituelle et que vous ne travaillez pas sur vous, vous n'êtes donc pas conscient dans votre vie quotidienne, ni observateur. Vous ne le serez pas plus (sinon moins!) dans le cadre de l'acte sexuel. Vous ne maîtriserez donc rien du tout.

Ce qui est difficile dans cet acte, c'est d'en rester détaché et de se limiter au rôle d'observateur. Un être qui ne travaille pas sur lui-même ne peut y arriver. Il se laissera emporter par son désir et sa passion. En revanche, si vous arrivez à n'agir qu'en tant qu'observateur et à rester conscient, vous démontrerez un certain niveau de conscience et une relative maîtrise de l'énergie sexuelle.

Vous devrez ensuite vous préparer en effectuant les différents exercices présentés dans les précédents chapitres, surtout ceux concernant le pardon et le détachement. Vous devrez également, et impérativement, pratiquer la purification sexuelle, telle que je l'ai expliqué dans mon ouvrage *Le Tarot de l'Individualisation*, au chapitre traitant de la sexualité.

En outre, il vous faudra «ressentir» que votre partenaire est sacré. Ce n'est pas si facile que cela. Même si vous l'aimez vraiment, vous vous apercevrez que vous fantasmez beaucoup, et pas toujours sur votre partenaire. (Vous voyez ce que je veux dire?) Il vous faudra donc faire taire vos fantasmes et vous concentrer sur l'aspect divin de votre partenaire.

Enfin, il vous faudra avoir passé la première Initiation. Il me semble impossible et même illusoire de vouloir pratiquer l'amour méditation sans avoir franchi cette étape. Ce qui implique tout le travail déjà présenté dans ce livre et dans les précédents. Et la même chose pour votre partenaire.

Mettez-vous tout de suite dans la tête que vous ne pouvez pratiquer la sexualité sacrée qu'avec un partenaire ayant également passé la première Initiation (au minimum), c'est-à-dire un partenaire qui est au même niveau de conscience que vous (ou à un niveau plus élevé, si vous vous trouvez déjà au quatrième plan de conscience).

Je répète qu'il est impossible de pratiquer la sexualité sacrée si l'on n'est pas au quatrième plan de conscience, car la sexualité est porteuse de beaucoup trop d'illusions que vous ne saurez pas voir et elle vous conduira dans les bas-fonds, même si vous avez de bonnes résolutions. Bien évidemment, ce n'est pas là le but de l'amour méditation.

> **En résumé, si vous vous trouvez au quatrième plan de conscience, ayant passé la première Initiation, et si votre partenaire est au même plan que vous (ou à un plan plus élevé), l'amour méditation est possible. Sinon, c'est de la science-fiction!**

Je vous rappelle que la première Initiation doit être passée dans le cadre d'une voie spirituelle, avec un Maître ayant réalisé le Soi dans cette vie, à l'état de veille.

Tous ces préambules ont pour but de vous enlever un maximum d'illusions concernant ce sujet. Le reste appartient au domaine du rêve. Je ne suis pas contre le rêve; chacun a le droit de rêver, mais je parle d'expériences réelles et concrètes qui demandent une certaine conscience.

> - **L'amour méditation est une approche sacrée de la sexualité dans un but d'évolution spirituelle.**
> - **On ne fait plus l'amour pour avoir des enfants ou pour éprouver du plaisir, mais pour rejoindre son âme.**

Lorsqu'on est engagé dans une voie spirituelle, il est généralement plus simple de supprimer la sexualité pour poursuivre son évolution (après la première Initiation). Il existe des techniques de transmutation de l'énergie sexuelle qui, lorsque pratiquées régulièrement, enlèvent toute frustration au candidat à l'illumination.

La sexualité n'est pas une obligation pour l'être humain, et on peut parfaitement s'en passer, à condition de connaître et de pratiquer les techniques auxquelles je viens de faire allusion.

L'aspirant et le disciple engagés dans un cheminement spirituel ont l'occasion de vivre de profonds «ressentis», qui sont bien supérieurs à ce que le plus puissant des orgasmes peut apporter.

Pour ceux qui veulent continuer à faire l'amour, il leur faut comprendre que l'acte sexuel fait descendre l'énergie vers le bas, comme je l'ai déjà souligné, et que cela nourrit les désirs inférieurs en les empêchant d'aller vers la deuxième Initiation. Pour continuer, malgré tout, à faire l'amour, il faudra donc maîtriser la sexualité. Ce n'est pas une mince affaire, car c'est un travail qui demande des années.

L'amour méditation est la démarche qui vise à faire acquérir cette maîtrise. Il va donc vous falloir changer votre état d'esprit par rapport à l'acte sexuel.

> **Vous ne devrez plus faire l'amour afin d'atteindre l'orgasme mais «être l'amour» afin de faire monter l'énergie jusque dans votre tête.**

La phrase précédente implique qu'il vous faut également pratiquer des exercices de recyclage de l'énergie sexuelle afin de pouvoir la maîtriser. La sexualité ne doit pas être un but en soi, mais un moyen d'atteindre l'Illumination et de rejoindre son âme. Ainsi, «être l'amour» devient une méditation qui utilise la sexualité comme moyen d'éveiller la kundalini et de vivre une expérience spirituelle. Le plus amusant, c'est que ça marche! Avec beaucoup d'entraînement!

Deuxième approche de la sexualité sacrée: la pratique

Pour pouvoir pratiquer l'amour méditation, il faut être habitué à la méditation. Il n'est donc pas superflu de pratiquer les méthodes de Shiva du Vijnana Bhairava Tantra. Le plus difficile, au début, c'est d'être capable d'entrer en méditation tout en faisant l'amour.

Cela semble impossible! En effet, faire l'amour exige qu'on se projette à l'extérieur de soi: on caresse son partenaire, on le regarde, on l'embrasse, etc. Or, dans l'amour méditation, il faut faire tous ces gestes en restant à l'intérieur de soi, sans jamais se projeter à l'extérieur, comme c'est toujours le cas dans l'acte sexuel «classique». Ainsi, lorsque vous faites l'amour, votre respiration s'accélère ainsi que votre rythme cardiaque, alors que c'est tout le contraire durant la méditation.

Il faut donc arriver à ralentir sa respiration et son rythme cardiaque comme en méditation. Il s'agit là d'une première étape que beaucoup d'aspirants n'arriveront pas à franchir.

Deuxième difficulté: il faut que l'acte dure suffisamment longtemps. C'est là que les exercices de Shiva peuvent vous aider, car ils vous apprendront à rester au début de l'acte, sans chercher à atteindre la conclusion. Il vous faut oublier totalement l'orgasme, faire une croix dessus et ne penser qu'au partage de l'amour avec votre partenaire sacré. Sinon vous ferez l'amour trop rapidement, comme la majorité des couples.

Savez-vous combien de temps dure le rapport sexuel en Occident? Dix minutes, entre la pénétration et l'éjaculation! Avec ce score, beaucoup d'autres aspirants seront recalés. Il faut durer environ trois fois plus longtemps! C'est possible si vous êtes en état méditatif.

La durée est importante pour qu'il y ait accélération suffisante des électrons des deux partenaires, afin que se déclenche la réaction nucléaire de l'orgasme à la fois physique, mais aussi et surtout spirituel et extatique. Vous devez donc être capable d'entrer en méditation profonde et de maîtriser votre désir sexuel.

Nouveau problème: si vous êtes capable de durer et d'être en méditation, votre désir sexuel va disparaître au bout de deux ou trois minutes. Ce sera de la méditation mais il n'y aura plus de sexualité du tout. Pour régler ce problème, il vous faut lâcher prise et ne plus chercher à tout gérer. Il faut laisser le corps exprimer totalement son instinct sexuel et ne ressentir le désir qu'au niveau de cet instinct et plus au niveau de la tête.

Généralement, l'être humain domine son instinct sexuel avec son mental. En fait, le désir sexuel n'est plus instinctif mais il devient mental. Dans cet état, il n'y a plus de spontanéité possible et pas d'amour méditation, car il n'y a pas de «lâcher-prise» ni de relaxation. Il faut relâcher son mental avec son désir fantasme et se laisser porter par son corps.

Je sais bien que vous aurez du mal à me comprendre, mais c'est une expérience qui ne se réalise pas comme cela, du premier coup (si j'ose dire!).

Voici maintenant un résumé de la pratique recommandée:

L'amour méditation: mode d'emploi

— Ressentez votre partenaire comme divin.

— Ressentez l'amour dans votre cœur et votre désir de partager celui-ci avec votre partenaire. De façon idéale, votre désir sexuel ne doit pas être trop fort. Et il doit être débarrassé de vos fantasmes. Nous ne sommes pas dans le monde du rêve, mais dans celui de la réalité.

— Des préliminaires autant sexuels que spirituels sont nécessaires. Vous pouvez accorder votre respiration avec celle de votre partenaire, tout en vous embrassant et en vous caressant. L'énergie circulera mieux entre vous. Vous pouvez effectuer un échange d'énergie selon le cercle tantrique, par exemple.

— Vous devez être tout entier dans chaque baiser et dans chaque caresse que vous donnez ou que vous recevez. Mettez-y tout votre amour.

— Dès le début, il vous faut associer l'aspect spirituel et méditatif à l'acte sexuel. Vous pouvez, par exemple, mettre une musique sacrée, faire brûler un encens particulier, bref cultiver une atmosphère de temple.

— Essayez de rester dans le «ici et maintenant», et soyez intensément dans chaque geste. Prenez votre temps, ce n'est pas une course contre la montre.

- Concentrez-vous sur le «ressenti» du désir et du feu intérieur, de même que sur l'énergie, et essayez de faire un avec elle.

- Passez maintenant à l'acte sexuel lui-même. La position idéale pour l'amour méditation est celle où l'homme est allongé sur le dos, avec la femme le chevauchant. Dans cette position, c'est l'homme qui est passif (alors qu'il représente le pôle yang ou actif) et c'est la femme qui est active (alors qu'elle représente le pôle yin ou passif), ce qui apporte l'équilibre.
Pour que l'acte sexuel dure, il faut que l'homme soit passif, car s'il est actif, il aura tendance à accélérer le processus (c'est sa nature) et, étant de nature passive, la femme se laissera faire. Cinq minutes après, ce sera fini! Si l'homme est passif, il pourra davantage se concentrer et lâcher prise (ce qui n'est pas son fort), et il aura plus de chances de faire durer l'acte sexuel. Sa partenaire, qui est habituellement passive, participera davantage à l'acte, ce qui permettra une meilleure complémentarité ainsi qu'une plus grande complicité entre les deux partenaires.

- Pour permettre une complète intériorisation et induire un état méditatif, il est important que les mouvements soient lents, comme effectués au ralenti. Dans la position adoptée, les deux partenaires sont intériorisés et ils respirent très lentement. Ils font l'amour avec beaucoup de douceur, dans un état de profonde relaxation. Ils se laissent aller au «ressenti» de leur corps. C'est comme un ballet sacré.

- Les deux partenaires sont très concentrés et gardent leur conscience dans le chakra racine, afin d'augmenter le feu de l'énergie. Ils n'ont pas de fantasmes et se concentrent sur le désir qu'ils ressentent et sur l'énergie d'amour qui circule entre eux.

- Au bout d'un moment, chacun peut avoir l'impression qu'il est seul, que le partenaire a disparu. Parfois, si le désir est trop puissant, il faut s'arrêter de bouger et faire monter sa conscience dans son chakra frontal afin de prendre un peu de recul. On peut alors pratiquer sahajoli-mudra ou vajroli-mudra en rétention à plein. On reprend ensuite les mouvements lents, en faisant redescendre sa conscience. Lorsqu'on maîtrise bien ce processus, on peut prolonger l'acte suffisamment longtemps.

— Il est même possible, pour l'homme, d'arrêter un orgasme et de renvoyer le sperme dans le flux sanguin. Pour cela, il faut, lorsque l'orgasme se présente et que l'éjaculation va se produire, qu'on pratique vajroli-mudra en rétention à plein. L'éjaculation ne se produit pas, mais il y a injaculation. Il est ensuite possible de continuer l'acte sexuel.

— Les partenaires ressentent maintenant que le moment est arrivé. Ils demandent à l'Univers de faire monter leur énergie dans la tête. L'instant de l'orgasme physique arrive alors, et sahajoli-mudra de même que vajroli-mudra s'imposent à nouveau.

— À l'orgasme physique succède un orgasme électrique ou nucléaire, qui propulse l'énergie dans la colonne vertébrale. Celle-ci monte plus ou moins haut, selon le stade d'évolution que l'on a atteint. Dans le meilleur des cas, surtout si l'énergie kundalini est pleinement éveillée, celle-ci monte jusque dans la tête et provoque le samadhi (béatitude sans aucune pensée). Survient alors un «ressenti» d'unité intérieure, de fusion et de lumière. Durant quelques instants, vous êtes en communion avec votre âme, avec le Tout... Vous **êtes**, tout simplement.

Cette expérience est, pour moi, un moyen de retrouver l'aspect sacré de la sexualité et de la réintégrer dans une recherche spirituelle. Je dédie cette expérience et tout ce travail à Marie-Pascale, à la shakti kundalini, à la Mère divine et à son énergie créatrice.

Quelques exercices complémentaires

Voici quelques exercices à pratiquer à deux qui peuvent vous servir de support pour vous préparer à l'amour méditation.

Le chakra union

- Les deux partenaires se font face, en se plaçant très près l'un de l'autre, et ils mettent leur conscience dans leur chakra du cœur.

- Ils respirent lentement et profondément, en accordant le rythme de leur souffle.

- Ils font ensuite descendre leur conscience dans leur chakra racine respectif et ils essaient de «ressentir» comment l'énergie circule entre leurs deux chakras. Se produit-il une bonne circulation d'énergie entre eux? Y a-t-il un chakra plus ouvert que l'autre ou qui tourne plus vite? Que faut-il faire pour que les deux chakras racine s'harmonisent?

- Les partenaires font maintenant monter leur conscience dans leur chakra sacré respectif et ils recommencent le même processus de «lecture ressentie». Ils montent ainsi de chakra en chakra, afin de savoir comment ceux-ci peuvent s'harmoniser.

- Puis, ils font redescendre leur conscience dans leur chakra racine respectif. Ils y visualisent un serpent doré dont la queue est ancrée dans leur chakra racine. Ils montent ensuite de chakra en chakra pour retrouver la tête du serpent dans leur chakra frontal respectif. Chaque partenaire visualise ainsi son serpent (son énergie intérieure).

- Les partenaires visualisent maintenant ensemble les deux serpents qui s'entremêlent du premier au sixième chakra, comme dans le caducée d'Hermès.

- Ils visualisent les têtes des deux serpents qui se rencontrent au niveau du chakra frontal, dans un éclair de lumière. En un instant, les partenaires perçoivent l'évolution spirituelle et le but de leur relation, en restant ouverts et réceptifs aux informations qui peuvent leur être présentées dans cet état de conscience: images, mots ou ressentis.

- Ils se laissent aller quelques instants à cet état d'union.

- Ils laissent enfin les images disparaître et ils remercient l'Univers pour cette expérience.

Décrivez votre expérience de chakra union :

La fleur

La Fleur est un exercice de «lâcher-prise» et d'abandon de soi. Vous pouvez le pratiquer en tant que jeu sexuel mais, dans ce cas, vous passerez à côté des bénéfices qu'il peut vous apporter.

— Le partenaire qui fait la fleur le premier se déshabille entièrement.

— Il s'allonge au sol, sur le dos, les bras et les jambes écartés, en position d'abandon de soi et de vulnérabilité.

— Il s'intériorise et met sa conscience dans son chakra du cœur, puis il visualise une fleur à laquelle il s'identifie. Petit à petit, il va se sentir très ancré et très vulnérable, car il aura l'impression de ne plus pouvoir bouger. (Une fleur est totalement vulnérable. Elle ne peut pas bouger et elle est à la merci du Tout et de tous.)

— Une fois que le partenaire-fleur est bien «entré» dans son personnage, l'autre partenaire (qui est resté habillé) va jouer le rôle de l'insecte qui vient se poser sur la fleur (et on ne rit pas!).

— Le partenaire-insecte devra faire courir ses doigts sur le corps de son partenaire-fleur, sans le prévenir à l'avance de l'endroit où il va se poser. C'est ici que l'on peut basculer dans un jeu sexuel qui empêchera l'exercice de porter ses fruits (cela peut d'ailleurs être amusant et agréable). Mais si vous poursuivez l'exercice en restant centré dans votre cœur, le partenaire-fleur devra accepter sa vulnérabilité et se sentir malgré tout en sécurité, ce qui n'est pas évident du tout!

— Au bout de quelques minutes, le partenaire-fleur visualise le courant de la vie qui arrive sur lui; il doit «ressentir» qu'il baigne dans ce flot de l'existence et qu'il s'y sent en sécurité.

— Vous pouvez ensuite échanger les rôles.

Décrivez votre «ressenti» de fleur:

Les Vénus-Kunda

Voici deux exercices qui vont vous familiariser avec l'échange d'énergie et stimuler votre kundalini.

— Dans le premier Vénus-Kunda, les deux partenaires sont en position Shiva-Shakti, l'homme assis en position de lotus et la femme assise sur lui, enserrant sa taille de ses jambes.

— Les partenaires placent leur conscience dans leur chakra racine respectif et visualisent leur énergie kundalini sous la forme d'une boule rouge.

— Ils commencent alors à se balancer doucement et, à chaque expiration, ils visualisent leur boule rouge qui quitte leur chakra racine et entre dans le chakra racine de leur partenaire.

— L'exercice peut se poursuivre quelques minutes et s'arrêter là ou déboucher sur le suivant ou sur un autre exercice.

— Dans le deuxième Vénus-Kunda, l'homme est assis et la femme est allongée sur le dos, ses jambes enserrant la taille de l'homme.

— L'homme met sa main droite sur le sexe de sa partenaire (chakra racine) et sa main gauche au milieu de sa poitrine (chakra du cœur).

— La femme visualise son énergie kundalini comme une boule rouge dans son chakra racine. L'homme visualise la même image.

— Puis, sur une expiration, l'homme envoie son énergie dans le chakra racine de celle-ci (par l'intermédiaire de sa main droite sur le sexe de celle-ci), en visualisant la boule rouge qui pénètre le chakra racine de sa partenaire. Pendant ce temps, la femme inspire la boule rouge de son partenaire dans son chakra racine, puis elle la sent monter jusque dans son chakra du cœur.

— Les rôles peuvent être inversés après que l'exercice a été exécuté quelques fois.

Décrivez vos expériences des Vénus-Kunda:

Mon souhait est que ces exercices et ce témoignage vous donnent envie de reconsidérer votre approche de la sexualité afin de lui redonner graduellement son aspect sacré. C'est certainement la meilleure solution pour voir disparaître de la planète les maladies transmissibles sexuellement.

> - *Puisse la sexualité vous aider dans votre cheminement vers la vérité et la lumière.*
>
> - *Puisse la sexualité vous aider à redécouvrir l'aspect sacré de votre corps qui est le Temple de votre âme.*
>
> - *Puisse la sexualité vous aider à faire circuler sans peur votre énergie divine à l'intérieur de vous.*
>
>   *Qu'il en soit ainsi.*
>
>   *Fusion*

Deuxième partie:
LE YOGA DE LA DÉVOTION

L'union avec le Bien-aimé

Dans cette deuxième partie, je vais aborder l'aspect amour tel qu'il peut être vécu dans une voie spirituelle afin d'aider l'aspirant à évoluer.

> **Quand vous associez l'amour à l'aspiration, cela donne la DÉVOTION.**

La dévotion est une qualité de l'âme, car cette dernière aspire constamment à être unie à Dieu par amour pour son Bien-aimé. Ressentir la dévotion peut donc être un moyen d'évoluer spirituellement puisque l'aspirant exprime ainsi une qualité de son âme. La dévotion lui permet de purifier son corps émotionnel ou astral et l'aligne sur son âme et sur le divin. Mais il y a dévotion et dévotion.

Je vais essayer, dans cette deuxième partie, de faire toute la lumière sur cette voie spirituelle qui est appelée le «Bhakti Yoga», ou l'union grâce à la dévotion. Je vous présenterai ce yoga de la dévotion tel qu'il a été enseigné depuis la plus haute Antiquité et tel qu'il peut être vécu aujourd'hui, en Occident.

J'ai déjà abordé le Bhakti Yoga dans mon précédent ouvrage, mais j'irai maintenant plus loin en remontant à ses origines et en commentant des textes sacrés hindous comme le *Srimad Bhagavatam*, dont l'auteur est le grand sage Vyasa, qui s'incarna en ce XXe siècle sous le nom d'Omraam Mikhael Aivanhov.

Ce sera pour moi l'occasion de rendre hommage à l'un des plus grands Maîtres de Lumière et d'Amour qui ait foulé le sol de cette terre: Krishna.

> *Mon Bien-aimé,*
> *je sais que tu vis en moi*
> *et j'aimerais tant m'unir à Toi.*
> *J'invoque Ta Lumière*
> *afin que mon souffle soit le Tien,*
> *que ma force soit la Tienne,*
> *que ma vie soit la Tienne,*
> *que mon amour soit Ton expression,*
> *que ma lumière soit Ta manifestation,*
> *pour toujours, éternellement,*
> *ton serviteur,*
> *à tes pieds sacrés*
> *qui ont foulé le Sentier.*
> *Puisse ta Lumière m'illuminer.*
> *Puisse ton Amour faire rayonner mon cœur.*
> *Puisse ta Paix se manifester*
> *en moi et autour de moi.*
>
> *Qu'il en soit ainsi.*
>
> *Abandon*

Chapitre 1
La révélation

Voici une histoire qui devrait vous intéresser, car c'est peut-être «votre» histoire...

Il y a bien longtemps, à une époque où le temps n'existait pas encore en tant que dimension mentale, vous étiez des âmes libres. Vous étiez énergie et lumière issues de la Source et toujours étroitement connectées à Elle. Vous aimiez jouer avec les énergies, vous «habillant» de l'une ou de l'autre et échangeant vos «ressentis» avec d'autres âmes libres. Puis, vous retourniez vous plonger dans la Source.

Vous passiez votre «temps» à créer des identités-énergie auxquelles vous ne vous identifiiez pas le moins du monde, car vous les saviez temporaires, juste «pour rire» et pour créer et partager avec d'autres êtres de lumière.

À cette époque, il n'y avait pas encore d'incarnation lourde, bien que ce projet était en cours d'exécution. Sur certaines planètes considérablement densifiées, le Créateur Univers-Dieu avait envoyé des entités chargées de s'occuper de la matière dense: esprits des éléments et certaines «classes» de devas ayant à leur tête un responsable nommé Satyel, dont le nom signifiait «la vérité divine incarnée».

Satyel fut chargé de l'aménagement d'une planète bleue baptisée Gaïa (dont le nom signifiait «l'énergie féminine densifiée»), en vue de l'incarnation d'âmes appartenant à votre «groupe de lumière». Ce fut le début de la descente du divin dans la matière.

Satyel devait vous convaincre de le rejoindre dans ce projet ambitieux d'incarnation sur Gaïa. Les archives secrètes des Maîtres de sagesse révèlent que Satyel fut responsable du premier «mensonge»; comprenez toutefois qu'il ne s'agit pas ici de quelque chose de négatif, mais de prévu par l'Univers-Dieu.

L'Univers-Dieu avait chargé Satyel de trouver des volontaires pour tenter l'expérience de l'incarnation afin de poursuivre l'évolution créatrice de l'univers. En échange, Satyel avait le libre arbitre de «séduire» les âmes pouvant participer à cette expérience.

Satyel expliqua que les conditions dans lesquelles les âmes vivaient et expérimentaient l'univers, en jouant à échanger des énergies puis en replongeant dans la Source, ne pouvaient pas durer éternellement. C'était un «mensonge», car les âmes auraient pu se contenter de continuer à vivre de la même manière pour l'éternité. Mais, pour que l'Univers évolue, il était nécessaire que les âmes expérimentent d'autres énergies et qu'ils la manifestent. Alors, mensonge ou pas mensonge ?

Votre «groupe de lumière» commença alors à penser que Satyel avait peut-être raison et qu'il était temps d'expérimenter de façon plus poussée les vêtements énergétiques que chacun endossait pour créer et s'amuser en descendant vers des vibrations nouvelles et plus matérielles. Votre «groupe de lumière» prit donc le chemin de la descente dans un vortex énergétique très puissant et spiralé, qui avait la propriété d'augmenter votre densité au fur et à mesure de votre progression. Vous aviez l'impression de descendre dans un entonnoir où la lumière était de moins en moins vive.

Au fil de votre descente se créaient autour de vous des vêtements énergétiques de plus en plus denses et de plus en plus complexes. Ils vous émerveillaient et vous en oubliiez leur aspect dense et limitatif. Vous vous êtes de plus en plus identifiés à ces nouveaux vêtements.

Mais la descente dans l'entonnoir électro-magnétique empêchait certaines fréquences de vous atteindre, ce qui eut pour effet de vous faire perdre votre pouvoir télépathique avec vos frères qui étaient restés «en haut», dans la claire lumière.

Cependant, même cette impression d'éloignement de votre Source ne vous gênait pas, tant vous étiez émerveillés par vos nouveaux vêtements et par ce nouveau monde qui vous attendait.

La révélation

À votre arrivée sur Gaïa, vous étiez vêtu d'un habit fabuleux, nommé plus tard «corps éthérique», qui vous permettait d'expérimenter une incarnation légère. Vous avez ainsi exploré cette Terre mystérieuse et fabuleusement belle.

Satyel et ses légions de devas avaient bien fait les choses. Gaïa était un véritable paradis.

***

Dans les millions d'années qui avaient précédé cette époque, des corps humains avaient été préparés, transformés et perfectionnés par les guides de l'humanité. D'informes et peu perfectionnés qu'ils étaient au début, ils étaient devenus de plus en plus sophistiqués.

Le premier élément qui constitua le corps humain fut l'air, puis celui-ci fut associé au feu. Le corps humain se densifia ensuite, et on y associa un troisième élément: l'eau. Le corps des premiers êtres humains, qui avait un très vague rapport avec celui qui est le vôtre aujourd'hui, était donc constitué d'eau, de feu et d'air.

Il continua à se densifier, et un premier corps éthérique apparut. Les guides de la race purent alors commencer à créer l'embryon de ce qui devait devenir, quelques millions d'années plus tard, le corps physique. Le corps éthérique se densifia à son tour durant quatre étapes, puisqu'il y a quatre états vibratoires différents au niveau éthérique.

L'être humain eut donc quatre corps éthériques, qui furent chacun plus denses que le précédent.

Le processus dura encore quelques millions d'années. À cette époque, il n'y avait pas encore d'âmes pour habiter ces corps. Ceux-ci n'étaient habités que par une conscience instinctive.

Il y a quelques millions d'années, durant la période lémurienne, les âmes arrivèrent alors que l'être humain avait encore un corps éthérique, c'est-à-dire qu'il n'avait pas de corps physique. C'est ce qui permit la séparation des sexes (vers le milieu de la période lémurienne).

***

La Terre entra alors dans un processus de densification qui aboutit à la création d'une nouvelle race: l'atlantéenne.

Entre-temps, vous étiez arrivés sur Terre et vous commenciez à expérimenter les véhicules d'incarnation qui vous attendaient, c'est-à-dire des corps éthériques qui se densifiaient de plus en plus. D'un point de vue spirituel, vous étiez éloignés de votre Source, mais cela ne vous gênait toujours pas, tant la descente avait été graduelle et la découverte de la Terre extraordinaire.

Le «coup de foudre» pour la Terre fut si intense pour certains d'entre vous qu'ils décidèrent d'expérimenter tout de suite l'incarnation lourde avant que des corps physiques soient prêts. Ils utilisèrent alors ces corps appelés «animaux» et qui peuplaient déjà le sol de Gaïa.

À cette époque, vous étiez encore reliés à la Source, même s'il y avait un peu de «friture» sur la ligne de temps en temps. Il y avait tout de même sur la Terre diverses catégories de devas, ou êtres de lumière, avec lesquels vous étiez parfaitement en contact.

Les devas de la Terre devaient vous obéir en tout point, et vous leur aviez bien recommandé de céder à tous vos désirs. Vous leur aviez même abandonné votre pouvoir de décision concernant le plan matériel, alors qu'il était prévu que vous les dirigeriez. À cause de ce pouvoir décisionnel qui leur avait été accordé, les forces de la matière gagnèrent en influence sur les consciences et elles vous tirèrent vers le bas. Mais revenons aux débuts de l'incarnation...

***

Après quelques essais et quelques mises au point, un modèle de corps physique fut créé. La Terre s'était suffisamment densifiée pour cela. La première série d'incarnations lourdes se préparait.

Un dernier problème, de taille, se posait: l'âme perdait la maîtrise du corps à mesure que celui-ci se densifiait. Soit qu'elle ne se préoccupait pas du corps qu'elle habitait, se contentant de créer et de jouer avec la matière, avec tous les risques de destruction rapide du corps physique que cela pouvait comporter, soit qu'elle s'occupait du corps, mais sans pouvoir créer de jeu divin ni y participer.

Une solution fut trouvée et l'ego fut créé: un «Moi-Je» qui devait devenir un embryon de personnalité. L'ego était une extension de l'énergie de l'âme, mais ses vibrations étaient suffisamment abaissées pour qu'il puisse se mettre au niveau du corps physique afin de s'occuper de lui. L'ego fonctionnait surtout depuis le plan mental et il était «raccordé» au cerveau, qui était le poste de pilotage du corps physique. L'ego aidait l'âme à explorer le monde matériel.

Une sensation particulière fut également générée afin de servir d'avertissement lorsque le corps serait en danger: c'était la peur. Cette réaction sensorielle transmise par le système nerveux est inhérente aux mondes matériels et elle sert d'avertisseur, et donc de système de protection pour le corps. C'est l'instinct de conservation.

L'ego fut formé grâce aux esprits élémentaux, qui avaient une connaissance très étendue de la matière. L'ego devint un spécialiste de l'incarnation sur Gaïa. Le «Moi-Je» restait étroitement unifié et connecté à l'âme, mais il demeurait sur son propre plan (le mental) pour prendre soin du corps physique.

À cette époque, il n'existait pas encore de corps astral ou émotionnel comme vous en avez aujourd'hui.

Tout était dorénavant prêt pour l'incarnation lourde. L'âme, depuis son propre plan (le causal), expérimentait la matière par l'intermédiaire de l'ego, qui s'occupait du corps physique depuis le mental par le biais du cerveau gauche. L'âme était plus particulièrement connectée au cerveau droit, qui agissait comme une banque de données créatrices.

L'ego analysait tout le monde extérieur et informait l'âme lorsque celle-ci faisait prendre trop de risques au corps.

Il n'y avait alors ni pensée ni émotion négatives (hormis la peur), et le corps pouvait vivre de nombreux siècles.

***

Puis vint la «Chute». Tout aurait pu continuer ainsi, mais les âmes tombèrent dans le piège de la matière. Les archives secrètes des Maîtres de sagesse appellent cet événement le «sortilège de la matière». Elles révèlent également que cet événement n'est pas étranger à un groupe d'êtres lunaires appelés «entités lucifériennes», qui n'auraient pas évolué comme prévu et qui auraient décidé de s'amuser aux dépens des êtres humains en les rendant prisonniers du monde de l'astral.

Le problème venait de ce que vous étiez de plus en plus identifiés à votre corps physique et à vos expériences émotionnelles, oubliant votre Source et laissant le monde matériel envahir de plus en plus votre conscience. Celle-ci s'alourdit, et alors qu'elle se maintenait au niveau de votre Source, elle est tombée et a «chuté» au niveau matériel.

Votre «Moi-Je» est alors tombé dans l'astral et il s'est noyé dedans, dans tous les désirs du plan astral que les «entités luciferiennes» alimentaient à l'infini pour que l'être humain en reste prisonnier.

> **N'oubliez jamais ceci: la conscience se place au niveau auquel on s'identifie.**

Votre conscience a donc «chuté» des plans spirituels vers les plans matériels, ce qui a provoqué une rupture entre l'âme et l'*ego*. Vous avez été coupés de votre Source et vous êtes restés uniquement dans l'astral.

L'âme, qui s'était éloignée de sa Source depuis si longtemps, n'a pu la regagner, car elle ne se rappelait plus le «sentier de retour»; elle ne pouvait pas non plus diriger le corps physique et l'ego, à cause de la rupture provoquée par la «Chute».

L'âme se retrouva dans l'illusion et elle s'endormit, attendant patiemment des jours meilleurs, alors qu'elle pourrait rétablir le contact avec le haut ou avec le bas.

Quant au «Moi-Je», il se retrouva aux commandes d'un engin hypersophistiqué, sans aucune directive, puisque le contact avec l'âme avait été interrompu. Il était perdu, ne sachant trop que faire et se sentant coupable. Si l'âme l'avait laissé tomber, c'est sans doute parce qu'il avait été «méchant» et que c'était sa punition.

À partir de cette période, des pensées négatives surgirent dans le plan mental de l'ego; elles engendrèrent des émotions négatives, puis des maladies du corps physique.

Nous étions alors à l'époque d'une nouvelle grande civilisation: l'Atlantide. La durée de vie du corps physique diminua considérablement, passant de plusieurs siècles à cent vingt ans, vers la fin de l'époque atlante. L'ego fonctionnait dans un monde à sept dimensions mais il n'en utilisait plus que trois, d'où une forte myopie avec son cortège de mirages...

L'ego se sentait séparé de l'âme et de Dieu. Ainsi naquit l'Illusion fondamentale: la croyance en Dieu ou en la séparation. (En effet, si vous croyez en Dieu, c'est que vous pensez à Lui comme à quelqu'un de supérieur à vous et de séparé de vous, ce qui est une illusion! En réalité, vous êtes une partie de Dieu.)

> **Attention à vos croyances! Vous n'êtes pas là pour avoir des croyances sur la vie mais pour expérimenter la vie à chaque instant.**

Se croyant «méchant» et se sentant coupable, l'ego fit prendre forme à ses pensées négatives en créant la guerre. Comme le corps se dégradait, tombait malade et finissait par mourir, parfois de mort violente, l'ego se désolait et n'avait de cesse que d'en recréer un nouveau avec l'aide des esprits élémentaux. La «roue des réincarnations» se mit alors en place ainsi que la procréation, telle qu'on la connaît encore de nos jours.

L'âme s'était incarnée par curiosité, pour créer et jouer avec la matière, et non pour s'identifier à elle et en devenir l'esclave. Et pourtant, c'est ce qui était arrivé. Mais cela ne faisait pas partie du plan divin.

Dans sa «chute», l'être humain gagna le libre arbitre. Il put ainsi choisir entre le fait de succomber à tous les désirs de l'astral ou celui de travailler sur lui afin de retrouver sa Source. Ainsi naquit la voie spirituelle pour l'être humain, vers le milieu de l'ère atlantéenne. Les guides de l'humanité lui donnèrent accès à l'Initiation.

Cette «Chute» qui a tant fait progresser l'être humain constitue-t-elle une erreur ou pas?

> **Il n'y a pas d'erreur, il n'y a que des expériences dont on doit tirer des leçons évolutives.**

L'ego s'est mis à rêver à ce monde de l'âme qu'il avait perdu et il l'a projeté à l'extérieur. Avec son véhicule mental, l'ego est devenu de plus en plus sophistiqué, engendrant toutes sortes de concepts, d'inventions et d'idées qui ont à leur tour fait naître toutes sortes d'émotions et de désirs, d'où la sophistication du corps astral ou émotionnel.

L'ego a fait ce qu'il a pu, tout en étant quelque peu dépassé par les événements. Sans l'aide de l'âme, il ne pouvait faire fonctionner qu'à peine 10 % des capacités du cerveau. Se sentant «coupé» de l'âme et différent d'elle et du monde dans lequel il vivait, il ne faisait qu'expérimenter la dualité, la séparation et la division. Cet état de fait ne pouvait aboutir qu'à la destruction. Ayant perdu le «ressenti» du Tout, l'ego était entré en guerre contre lui-même.

Il ne s'est plus identifié qu'à l'extérieur puisque l'intérieur l'avait «abandonné» et qu'il avait perdu confiance en sa Source. Malgré tout, il a expérimenté le monde matériel pendant des millénaires, en cherchant à affiner ses véhicules (physico-éthérique, émotionnel et mental).

Pourquoi l'ego a-t-il fait tout cela, si ce n'est pour rejoindre l'âme et recréer la connexion du début? C'était cela, le but: se reconnecter à l'âme par la première Initiation, puis se laisser emplir par sa lumière au moyen de l'Illumination et enfin fusionner avec elle, pour redevenir **un** avec elle comme au début (non, mieux qu'au début, grâce à toutes les expériences vécues sur ce plan de matière).

Ce cheminement n'est pas évident car, malgré tous les efforts de l'ego, il n'est pas facile de rétablir la connexion avec l'âme, surtout que l'ego a parfois des réticences. (Craint-il d'être puni à cause de la «Chute»? A-t-il de la difficulté à retrouver confiance en l'âme et en sa Source?)

Heureusement, lorsque les âmes ont commencé à se laisser prendre par le «sortilège de la matière», des entités angéliques ont décidé de se sacrifier et de descendre consciemment dans la matière pour secourir leurs amis de lumière.

En effet, durant l'époque atlantéenne, de nombreuses âmes ayant suivi un autre plan d'évolution hors de la Terre sont arrivées sur Gaïa. C'était une nouvelle vague d'âmes.

Certaines d'entre elles réussirent à garder la conscience de la Source en venant s'incarner sur Gaïa alors que d'autres échouèrent. Celles qui réussirent sont appelées «Avatars» ou «Maîtres de sagesse» sur le plan terrestre. Mais même celles qui ont échoué gardent au fond d'elles-mêmes l'idée qu'elles sont venues sur Terre pour servir l'humanité. Et tôt ou tard, elles s'en souviendront.

Les «entités de lumière» qui ont gardé le contact avec la Source sont là pour servir la Lumière et apporter la conscience, l'amour et la paix sur cette Terre, afin que se poursuive le Plan divin dans la joie et la créativité.

En ces temps de «Révélation», elles peuvent vous aider à vous réunifier dans une attitude de pardon et d'amour, afin que vous vous acceptiez tels que vous êtes: corps, ego et âme, comme les parties d'un même Tout faisant partie du Grand Tout.

Puisse la Lumière illuminer le mental des Hommes,
Puisse l'Amour rayonner dans leur cœur,
Puisse la Paix se manifester sur Gaïa-la Terre.

Chapitre 2
De la «petite famille»... à la «commune»

Voici un chapitre que je ne recommande pas aux âmes sensibles. Il serait peut-être préférable pour elles qu'elles fassent une croix dessus. Je sais bien qu'il est très dur pour les curieux de s'abstenir de lire un passage captivant, mais celui-ci ne s'adresse véritablement qu'aux âmes aventureuses et aux personnalités suffisamment aguerries. En effet, c'est un sujet brûlant que je vais aborder là: la famille.

Le cadre familial est un champ d'expériences privilégiées pour la personne quelque peu consciente de son comportement et de celui des autres. Avez-vous jamais remarqué comment une personne pouvait être différente lorsqu'elle se trouvait avec ses parents? La majorité des gens restent très dépendants et très attachés à leurs parents.

L'évolution spirituelle n'a pas pour but de rejeter ses parents pour prouver qu'on est adulte et indépendant, mais de transformer sa relation avec eux.

Quel que soit votre âge, vos parents vous verront toujours comme un enfant. Il vous appartient donc de changer ce rapport parent-enfant afin d'avoir avec eux une relation comme celle que vous entretenez avec d'autres adultes. Il est très difficile d'avoir des relations normales d'adulte à adulte avec ses parents mais c'est un défi très intéressant à relever.

La majorité des problèmes auxquels vous vous heurtez dans votre vie d'adulte viennent de votre enfance, le problème de base ne venant pas de ce que vos parents vous ont fait ou pas fait mais de ce que vous avez ressenti.

Aucun parent n'est coupable de quoi que ce soit. Mais il faut savoir que tout découle de vos premières relations avec vos parents qui conditionnent ensuite toutes vos relations futures. D'où l'importance de réaliser un profond travail sur l'enfance lorsqu'on entreprend une démarche spirituelle.

Nous revenons toujours au même problème de base: comment voulez-vous aider autrui si vous n'êtes pas capable de vous aider vous-même? Vous ne pouvez donner que ce que vous êtes. Or, si vous n'êtes pas déjà clair, authentique, sincère avec vos parents, et donc avec vous-même, comment pourriez-vous l'être avec autrui?

Avant de pouvoir aider autrui, vous devez donc régler vos histoires familiales et devenir clair avec chaque membre de votre famille. Il vous faudra accepter de voir votre père et votre mère tels qu'ils sont. (Vous allez probablement vous apercevoir que tel n'est pas le cas, que vous idéalisez vos parents.)

La «petite famille», le «clan», constitue un lieu de refuge hors du monde, un moyen d'échapper à la vie, de se cacher et de ne pas devenir soi-même.

La «petite famille», ce sont vos parents, puis vos frères et sœurs, si vous en avez, mais aussi votre compagnon ou votre compagne ainsi que vos enfants, si vous en avez.

Cette «petite famille», qui peut donc être importante en nombre, est constituée des gens derrière lesquels vous vous cachez.

En gardant votre rôle d'enfant vis-à-vis de vos parents, vous refusez de grandir et de voir les choses en face. Comment voulez-vous évoluer dans ces conditions? Comment pouvez-vous conseiller qui que ce soit dans ces conditions?

Il est important de prendre du recul et de vous consacrer davantage à votre rôle d'observateur dans votre cadre familial. Ce travail de détachement ne veut pas dire qu'il faille vous éloigner de votre famille, bien au contraire. Sinon ce serait une fuite inconsciente! Il faut prendre conscience de tout ce que votre famille vous renvoie. Il s'agit toujours d'un travail se rapportant au phénomène «miroir».

Essayez de vous mettre à la place de chaque membre de votre famille. Pour cela, effectuez l'exercice suivant.

— Mettez-vous «dans la peau» de votre mère.

- Prenez une feuille de papier et un stylo et placez-les devant vous.
- Essayez de ressentir ce que votre mère attend de vous. Laissez venir et notez toutes les phrases qui vous viennent à l'esprit.
- Laissez-vous bien aller, jusqu'à ce qu'il ne vous vienne plus aucune idée.
- Reprenez maintenant chaque phrase et notez vis-à-vis l'effet que cette phrase vous fait. Laissez-vous totalement aller, sans aucune censure. Telle phrase vous met dans tous vos états? N'hésitez pas à noter tout ce qui vous vient en tête. Videz-vous, exprimez-vous, allez-y à fond. Libérez-vous!

Passez ensuite à votre père, puis à votre compagnon ou votre compagne. Si vous n'en avez pas en ce moment, utilisez le dernier ou la dernière en date. Terminez avec vos enfants, ou avec une personne dont vous vous sentez particulièrement responsable. Cet exercice devrait apporter plus de conscience dans vos relations familiales.

Vous arriverez peut-être ainsi, après quelques années de travail sur vous et sur votre enfance, à voir les membres de votre famille tels qu'ils sont, ce qui vous libérera vis-à-vis d'eux et ce qui les aidera à se libérer de vous.

Par amour pour eux, vous ne les confinerez plus à des rôles stéréotypés, à des schémas que vous entretenez, mais vous les verrez comme des êtres humains à part entière, comme des êtres divins sans «étiquette» et sans limitation.

Vous prendrez alors conscience que vous ne faites pas partie d'une «petite famille» composée de quelques personnes qui constituent «votre monde» mais que vous êtes partie d'un Tout qui est l'humanité. Et en ressentant cela, vous aiderez votre «petite famille» à aller également dans ce sens.

L'humanité représente une «commune»,
c'est-à-dire un ensemble d'êtres réunis dans un même but
(exprimer l'amour) et dans un même lieu (sur Gaïa-la Terre).

Si, au lieu de toutes ces guerres et de tous ces affrontements raciaux, tous les êtres incarnés sur cette terre ressentaient qu'ils font tous partie d'une même famille, d'une «commune», nous vivrions dans un monde de paix et d'amour.

Mais pour en arriver là, il faut travailler sur sa «petite famille» qui, symboliquement, représente notre manière de voir le monde. Si vous n'êtes pas capable de résoudre les problèmes relationnels qui existent dans votre «petite famille», comment pourrez-vous apporter au monde, à la «commune» que forme l'humanité, un peu d'amour et de paix? Vous ne pourrez lui donner que votre inconscience, votre inauthenticité et vos conflits intérieurs.

Peut-être vous demandez-vous d'où viennent les problèmes que l'on rencontre dans une «petite famille» ou dans la vaste «commune» que constitue l'humanité.

Les problèmes viennent du fait qu'il n'y a pas de centre dans la famille. La paix, l'amour, l'harmonie se trouvent au centre et, dans une famille, c'est le père qui devrait jouer ce rôle. Seulement, il est mal dans sa peau, il est pris par ses occupations, il ne s'entend pas toujours bien avec sa femme et ses enfants (et avec ses propres parents), etc. Le père ne peut donc assumer le centre. De toute façon, il ne connaît pas les vraies valeurs de l'être humain. Il ne peut donc pas les montrer aux membres de sa famille.

> **Dans tout groupe humain, il faut un centre,
> un soleil qui attire les regards et les énergies vers lui
> afin d'établir la paix, l'amour et l'harmonie.
> En retour, il faut que les membres de sa «famille»
> aient une confiance absolue en lui.**

Bien sûr, la «famille» est là pour vous aider à trouver votre propre centre. Chaque personne dispose d'un centre, dans lequel elle doit vivre le plus souvent possible, et c'est son cœur. Pas l'organe physique mais le cœur psychique qui se trouve profondément en lui. Mais il a besoin qu'on lui apprenne à le rejoindre. C'est ainsi que fonctionne une voie spirituelle.

La voie spirituelle rassemble des gens de toutes sortes, mais qui appartiennent à la même famille spirituelle au niveau des âmes. Ce sont des âmes sœurs.

Si vous voulez savoir où vous avez le plus de chances de rencontrer une âme sœur, c'est facile: engagez-vous dans une voie spirituelle. Mais pas n'importe laquelle. Celle qui est la vôtre, celle que vous aurez reconnue ainsi que son guide, l'Initiateur qui est à sa tête et qui assume le rôle de chef de famille. Lorsque vous aurez trouvé votre famille spirituelle, vous rencontrerez de nombreuses âmes sœurs en son sein. Vous aurez alors retrouvé votre «vraie» famille.

Votre «petite famille» n'est qu'une famille pour cette vie, alors que votre famille spirituelle est la même depuis des milliers d'années, depuis de nombreuses vies.

Une voie spirituelle comprend un centre, qui est le «chef de famille», le guide de cette voie. Comme ce guide est lui-même toujours dans son centre, il joue le rôle de référence ou de modèle et il apprend aux aspirants de sa voie à aller dans leur centre.

> **Le Guide d'une voie spirituelle doit toujours rester au centre; il doit jouer un rôle solaire, comme le Soleil par rapport aux planètes.**

Le guide suscite la dévotion, l'aspiration, la foi et l'amour des aspirants, car il rayonne et incarne le divin. C'est en voulant s'approcher de ce centre que l'aspirant rejoint le sien.

Une voie spirituelle est une petite «commune» composée de gens très différents les uns des autres mais qui forment une famille spirituelle regroupée autour d'un centre solaire (un Maître ayant réalisé le Soi). De ce dernier émane un puissant champ d'énergie électromagnétique qui génère autour de lui l'amour, la paix, l'harmonie et la lumière.

Une «commune» est comme une «petite famille», sauf qu'elle a un centre qui aide chaque membre à devenir chaque jour plus conscient et à expérimenter pleinement ce qu'est la vie.

> **Une «commune» spirituelle est une expérience
> qui se déroule à la fois dans le monde et hors du monde,
> et où chacun doit apprendre à jouer avec la vie et à accepter
> d'enlever son masque afin d'être créateur de lui-même.**

Lorsque vous serez totalement à l'aise avec votre «petite famille» et que vous ferez partie d'une «commune» spirituelle, tout en commençant à ressentir votre appartenance à la grande «commune» qu'est l'humanité, alors vous pourrez exprimer votre dévotion à chaque être en ressentant que le divin habite au plus profond de lui.

Chaque acte que vous ferez, vous l'offrirez au divin, quelle que soit la représentation que vous vous faites de Lui.

Lorsque vous rendrez service à une personne de votre «petite famille» ou à une autre de votre «commune» spirituelle, ce sera toujours au divin que vous offrirez vos services à travers ces personnes. Vous pratiquerez ainsi le yoga de la dévotion, ce qui demande beaucoup de conscience, car il vous faut servir sans nourrir aucune attente.

Mais si vous réussissez à le faire, vous serez dans votre centre. Vous ressentirez la paix en vous et vous la partagerez avec tous ceux que vous rencontrerez, qu'ils appartiennent à votre famille ou à une autre. Votre centre ne fait pas de différence, il se contente de donner, comme le Soleil.

> *Votre famille n'est pas ce que vous croyez.*
> *Les membres de votre famille*
> *ne sont pas à l'extérieur de vous.*
> *Ils sont en vous.*
> *Ce sont les limites que vous devez dépasser.*
> *Ouvrez-vous et dépassez-les.*
> *Et retournez dans votre centre.*
> *De là, vous pourrez aimer*
> *votre «petite famille»,*
> *votre «commune» spirituelle*
> *et l'humanité entière*
> *comme faisant partie d'un même Tout.*
>
> *De la «petite famille»...*
> *à la «commune»*

Chapitre 3
L'ultime relation

Si vous cherchez un partenaire dans le dessein de combler votre manque affectif, vous ne pourrez jamais vivre une relation amoureuse épanouissante, car vous ne trouverez jamais quelqu'un qui acceptera de ne s'occuper que de vous sans rien attendre en retour.

Si vous cherchez un guide spirituel pour tenter de combler l'avidité de votre mental, vous n'en rencontrerez jamais, car personne ne pourra jamais satisfaire l'avidité de votre mental.

Si vous voulez vivre une relation amoureuse épanouissante, il vous faut ouvrir votre cœur et être prêt à donner tout votre amour à l'élu de votre cœur, sans rien attendre en retour.

Si vous voulez rencontrer un véritable guide spirituel ou un Maître ayant réalisé le Soi, c'est aussi avec votre cœur que vous devez le chercher, car c'est avec votre «ressenti» et votre intuition que vous le reconnaîtrez.

Si vous voulez remplir votre mental de connaissances, alors vous n'avez pas besoin d'un Maître spirituel; vous avez simplement besoin d'un enseignant en ésotérisme ou en spiritualité.

> **Un Maître spirituel n'est pas là pour vous apprendre la vérité ou la sagesse, mais pour vous la faire vivre.**

Le maître spirituel n'est pas là pour enrichir votre personnalité, mais pour la détruire. Il n'est pas là pour glorifier votre ego, mais pour l'annihiler.

Cherchez les connaissances ésotériques ou spirituelles auprès des enseignants, des thérapeutes, des philosophes ou des ésotéristes, mais seul un Maître authentique pourra vous faire vivre et expérimenter «la» connaissance. Lui seul pourra vous faire passer au-delà de votre mental, ce que le groupe d'enseignants précédemment cités ne saurait faire. L'enseignant ou le thérapeute sont rassurants, ils vous aident à vous reconstruire, à vous installer dans des connaissances ou des actes que vous comprenez parfaitement, qui vous sécurisent. Vous avez alors l'illusion de bien vous connaître, de savoir où vous allez.

Avec un Maître spirituel, ce sera tout le contraire. Il cherchera à vous déstabiliser, à remettre en cause toutes vos connaissances, en vous démontrant qu'elles ne sont qu'illusions. Il brisera votre fausse assurance et toutes vos fausses sécurités. Il démolira votre mental et tout ce que vous croyiez savoir. Il vous fera expérimenter une autre dimension au-delà de votre mental: la vérité.

**Le Maître ayant réalisé le Soi est un parfait miroir.
Il vous renvoie parfaitement ce que vous êtes.
Alors, tout ce qui est faux et inauthentique en vous
vous sautera aux yeux, et ce sera insupportable pour votre ego.**

Beaucoup d'Occidentaux essaient de s'engager dans une voie spirituelle parce qu'ils croient que c'est là que l'on peut acquérir le summum de connaissances. Erreur!

La voie spirituelle vous débarrasse, au contraire, de vos connaissances bien établies. Elle sème le trouble dans votre mental. Tout ce que vous croyiez savoir est faux, n'est qu'illusion. Circulez, y a rien à voir!

Votre mental n'est qu'ignorance. Toutes vos vérités sont fausses. Il faut aller au-delà! En aurez-vous le courage?

C'est le propos de la voie spirituelle.

Le mental rationalise, analyse, étudie et choisit en disant: «Cela est blanc et cela est noir; cela est bien et cela est mal.» C'est le monde de la dualité.

La voie spirituelle vous fait passer au-delà. Rien n'est blanc et rien n'est noir; il faut passer au-delà du mental où tout est à la fois blanc et noir sans être ni blanc ni noir.

> La voie spirituelle, c'est la voie du milieu qui se faufile entre les paires d'opposés afin de s'établir dans la sérénité éternelle qui est au-delà de la dualité guerre-paix.

La guerre est nécessaire afin de prendre pleinement conscience de la paix, de la dualité et des paires d'opposés qui vous font agir. C'est le combat dans le plan astral, la bataille de Kurukshetra à laquelle participe Arjuna dans la *Bhagavad Gita*.

De temps en temps, vous trouvez la paix, qui est acceptation et «lâcher-prise», lorsque vous arrêtez de lutter. Mais la voie du milieu est au-delà, lorsque vous êtes suffisamment conscient des opposés et que vous arrêtez de choisir et de lutter. Alors, vous retournez dans votre centre où vous retrouvez l'éternelle sérénité et la béatitude (qui est une qualité divine associant, en quelque sorte, la joie, l'amour et la paix).

L'ultime relation

L'être humain vit toutes sortes de relations sur cette Terre. C'est même l'une des principales choses qu'il doit expérimenter.

La Terre est une planète d'eau, c'est-à-dire un lieu où les êtres peuvent vivre toute la gamme des émotions existantes. Or, c'est par les relations que ces émotions peuvent être le mieux exprimées, et dans différentes situations. Ainsi, l'être humain vit toutes sortes de relations qui culminent dans la relation de couple (du moins pour l'individu moyen).

Mais il existe une autre relation qui n'est pas connue du commun des mortels. C'est l'ultime relation: la relation Maître-disciple. Voilà deux mots qui révoltent beaucoup d'Occidentaux. Pourquoi? Tout simplement parce qu'ils ne savent pas ce que ces mots signifient. Ce n'est qu'une histoire d'ignorance, comme toujours. Alors, essayons de préciser.

Pour tout ce qu'il entreprend dans la vie, l'être humain accepte d'avoir un professeur, un conseiller, un entraîneur ou un guide. Pourtant, tous les domaines de la vie auxquels l'être humain doit faire face sont bien visibles et bien connus. Malgré tout, l'être humain sensé sait qu'il a besoin de mettre en pratique le sujet qu'il veut connaître avec quelqu'un qui le maîtrise bien.

Alors, comment se fait-il que cette même personne criera bien haut et bien fort qu'elle n'a pas besoin de Maître ou de Guide dans son cheminement spirituel, alors qu'il s'agit d'un domaine totalement invisible et inconnu, qui représente les plus extrêmes dangers?

Qu'est-ce qu'un Maître spirituel ayant réalisé le Soi?

C'est un guide qui représentera symboliquement votre âme.

Certains chercheurs spirituels disent qu'ils n'ont pas besoin d'un Maître puisqu'ils ont déjà un Maître intérieur avec leur âme. Cela est vrai. Seulement, le problème est que s'ils n'acceptent pas le Maître extérieur (le guide humain), comment pourront-ils accepter le Maître intérieur (l'âme)?

L'extérieur est le reflet de l'intérieur

Lorsque des gens qui sont engagés dans la quête spirituelle et qui pratiquent toutes sortes de stages de croissance personnelle pensent qu'ils n'ont pas besoin d'un Maître, cela signifie qu'ils ne sont pas prêts pour la voie spirituelle.

En effet, s'ils ne peuvent reconnaître la divinité d'une personne, ils seront encore moins à même de reconnaître la leur. Ils n'ont donc aucune chance d'être guidés, depuis l'intérieur, par leur âme. Ne sachant reconnaître un Maître extérieur, ils ne sauront pas reconnaître leur propre Maître intérieur.

C'est pour cela que nous entendons toujours les mêmes questions: Comment faire la différence entre l'intuition et le mental? Comment être sûr que la petite voix intérieure est bien celle de l'intuition et non celle du mental?

Quelqu'un qui ne sait pas reconnaître sa divinité intérieure sera incapable de faire la différence, ne sachant pas reconnaître la divinité en l'homme. Pour cet homme, le seul maître est son mental.

Nous avons là un paradoxe, avec ce chercheur spirituel qui pense qu'il n'a pas besoin d'un Maître. C'est comme s'il disait qu'il n'a pas besoin de son âme alors qu'il essaie d'entrer en contact avec elle!

Retenez que le Maître spirituel et votre âme, c'est la même chose, sauf que le premier est extérieur, donc normalement plus facilement identifiable, alors que la deuxième est intérieure, donc plus difficile d'accès pour le non-initié.

Pour résumer, disons que la personne qui pense qu'elle n'a pas besoin d'un Maître pour évoluer spirituellement se trouve tout simplement à un niveau de conscience où elle n'en a effectivement pas encore besoin, n'étant pas prête pour la voie spirituelle.

Lorsque vous entrez pleinement dans la voie spirituelle, vous vous retrouvez dans l'inconnu et vous êtes totalement insécurisé. À ce moment, vous comprenez la nécessité d'avoir un Maître pour éclairer votre chemin afin de ne pas basculer dans la folie.

> **Et quand l'aspirant est prêt, le Maître croise son chemin. C'est une vérité spirituelle.**

Lorsque vous êtes prêt à vous engager dans une voie spirituelle, vous ressentez l'importance d'avoir un Maître et une famille spirituelle qui vous accompagnent dans votre sentier. C'est alors que vous rencontrez cette famille spirituelle, avec son chef de famille en tête.

Lorsqu'on entend des gens demander: «De quelle façon peut-on reconnaître un Maître?», «À quoi le reconnaît-on?», cela signifie qu'ils ne sont pas encore prêts pour la voie spirituelle. Sinon ils auraient ressenti que c'était quelque chose qui se percevait du cœur et que le mental était incapable de reconnaître qui que ce soit.

Lorsque vous êtes prêt pour la voie spirituelle, l'Univers vous conduit vers celui qui est votre Porte, celui qui pourra vous guider. Et vous le reconnaîtrez, car il se fera une rencontre au niveau des cœurs, d'âme à âme. Et vous saurez que c'est lui.

Il n'y aura aucune question. Vous vous sentirez irrésistiblement attiré vers lui, vers votre famille spirituelle et vers ce qui y est enseigné. Ce sera plus fort que vous. Quelque chose au fond de vous vous entraînera, malgré votre peur, malgré vos doutes. Ce quelque chose, c'est l'aspiration qui vient de votre âme.

Le Maître que vous aurez rencontré ne sera pas n'importe qui. Ce sera celui qui représente le mieux votre âme, ou le Maître intérieur. Il symbolisera parfaitement votre âme. Vous reconnaîtrez en lui cette conscience illuminée qui existe potentiellement en vous. Plus votre lien avec votre Maître sera fort, plus votre lien avec votre âme se développera (en parallèle).

Ce lien va constituer l'ultime relation, celle qui débouche sur l'union avec Dieu! Cette relation est basée sur la dévotion et la foi, et elle passe par l'abandon de soi (ou de l'ego) pour aboutir à l'Illumination.

Les dernières étapes du cheminement qui mène à la réalisation du Soi peuvent se dérouler sans Maître extérieur puisque l'union avec le Maître intérieur (l'âme) a commencé.

***

Le disciple est celui qui apprend à apprendre. Il ne s'agit pas de se comporter comme un élève qui comprend tout ce qu'on lui dit et emmagasine tout dans son mental, en interprétant chaque chose et en la rangeant dans un compartiment ou un autre.

L'élève ne sait pas apprendre, il sait juste interpréter avec son mental ignorant. Il reste forcément dans la confusion, ce qui l'empêche d'acquérir un jour un mental illuminé.

Le disciple apprend à apprendre, ce qui signifie que, pour lui, les mots n'ont pas la même importance que pour l'élève. Il écoute attentivement les paroles de son Maître, pour s'imprégner de l'énergie qui se trouve derrière les mots et entre les mots. Les mots ne sont que des accessoires imparfaits pour transmettre la vérité. Celle-ci ne peut s'enseigner que dans le silence.

Les mots appartiennent au mental alors que la vérité est du domaine du silence, au-delà du mental.

Le disciple ne s'attache donc pas aux mots. Il écoute attentivement la musique des mots et demeure réceptif à l'énergie qui entre en lui. Il est passif, ouvert et vide (comme la coupe du Saint-Graal), prêt à recevoir le sang du Christ. Il ne cherche pas à interpréter, car il fragmenterait ainsi la vérité, mais il écoute et s'imprègne.

L'ultime relation

L'énergie du Maître entre en lui et produit son effet compréhension intuitive surgit chez le disciple. Une v vaste, plus inclusive se fait jour en lui. La lumière fait irruption dans son mental et lui apporte la synthèse dont il a besoin pour grandir.

> **Le mental est duel. Le langage est duel. Or, la vérité est Une.**
> **Ce ne sont donc pas les mots qui peuvent nous révéler**
> **la vérité. Ils peuvent juste nous raconter ce qu'elle n'est pas.**
> **Ainsi, en reconnaissant ce qu'elle n'est pas,**
> **nous aurons une chance de percevoir ce qu'elle est.**

Ce ne seront pas des mots qui vous parviendront, comme ceux que perçoit l'intellectuel à travers son mental ignorant, mais la lumière; car la connaissance pure est lumière et rien d'autre que cela.

Apprendre à apprendre implique qu'on soit suffisamment réceptif pour laisser pénétrer la lumière dans son mental, sans essayer d'interpréter ses perceptions, afin de ne pas fragmenter la vérité mais, au contraire, de la laisser une et synthétique.

L'ultime relation entre le Maître et son disciple sert à cela. Plus le disciple reconnaît son Maître et a foi en lui, plus il s'abandonne à lui et devient réceptif à sa lumière. Progressivement, le disciple fait sauter les cloisons de son mental ignorant et séparateur, pour développer une vision globale et universelle en s'immergeant dans la conscience illuminée de son Maître.

Un jour, la lumière est plus forte que les cloisons restantes, et la goutte d'eau rejoint l'océan. L'ultime relation prend fin puisque les deux ne sont plus qu'**un**.

Et pour illustrer cette ultime relation, voici un texte que j'ai baptisé...

L'éveil

Le disciple avait accepté de jouer le jeu. Il s'agissait d'un jeu divin dont le metteur en scène était son Maître. Ce dernier, bien qu'ayant réalisé le Soi, n'avait pas l'apparence d'un Maître. Il était jeune, s'habillait normalement, parlait normalement et vivait (presque) normalement. Cela perturbait parfois le disciple. Il aurait tant voulu un Maître extraordinaire, affichant tous ses pouvoirs et paraissant inaccessible. Bref, un Maître que l'on est sûr de reconnaître et devant lequel on est sûr de n'être qu'une nullité.

Le disciple avait, bien entendu, quelques problèmes de valeur!... Seulement voilà, il était conscient que tout était à sa place et qu'il avait forcément le Maître «idéal» pour lui. Il l'avait reconnu «dans son œur», il avait été comme «guidé» jusqu'à lui et il savait que l'Univers ne se trompait jamais.

De plus, lorsqu'il se mettait dans son œur et qu'il appelait son Maître, il le ressentait; il ressentait tout son amour, toute sa sérénité, toute sa puissance, et il était éperdu de gratitude d'avoir pu rencontrer un Maître authentique.

Aujourd'hui, à l'aube de l'ère du Verseau, l'aspirant et le disciple évoluent dans le monde avec un Maître ordinaire.

> **Le disciple devait reconnaître Dieu dans l'homme pour avoir accès aux plus hautes Initiations.**

Ah, ce foutu discernement! Comme il serait plus facile d'évoluer seul dans son coin, sans groupe ni Maître!... Mais cela aussi, et le disciple le savait, n'était qu'une illusion de plus. En ressentant son aspiration, son feu intérieur, on comprenait très bien que le Maître était indispensable, sinon on était perdu...

Alors, il avait plongé. De toute façon, il avait fait le tour de la vie. Il avait tout expérimenté ce que le monde matériel pouvait lui donner, dans cette vie ou dans les précédentes.

Il était fatigué de se battre et de rechercher le Grand Amour (qui n'était que l'extériorisation de l'Amour qu'il ressentait pour son âme) ou la réussite sociale (qui ne représentait qu'un besoin d'élévation spirituelle).

Il savait que rien à l'extérieur ne pourrait le combler. Il y avait quelque chose de désespérant dans cette constatation, mais là encore le disciple n'était pas dupe. Il comprenait que c'était son ego qui regrettait «le bon vieux temps».

Chaque fois qu'il attendait quelque chose de l'extérieur, le disciple se voyait lamentablement éconduit. Il se rendait bien compte que jamais il ne pourrait rencontrer son âme jumelle. Car, en fait, il recherchait sa personnalité jumelle et celle-ci n'existait pas à l'extérieur. Comment pouvait-il espérer la rencontrer alors qu'il vivait dans sa personnalité, sans même savoir ce qu'était le monde de l'âme?

Alors, à quoi bon lutter pour ne rien obtenir? Le disciple avait beau ressentir cette peur terrifiante de l'inconnu, quand il voyait son Maître vivre tout le temps bien dans sa peau, sans aucune réelle préoccupation et profitant de la vie avec détachement, il se disait qu'il aimerait bien être comme lui.

Le disciple avait également compris que s'il avait absolument besoin de son Maître pour qu'il le guide et lui fasse passer les Initiations, ce n'était pas lui qui ferait tout le travail. Tout reposait sur son propre travail et il ne pouvait compter que sur lui. S'il attendait tout de son Maître, il irait droit à l'échec. Son Maître n'était pas là pour s'occuper de lui ni pour prendre des décisions à sa place. Il devait donc faire le travail tout seul, mais en ayant impérativement besoin d'un guide pour éclairer sa route.

Pour son Maître, le monde matériel était sans intérêt; quoi qu'il se passe, c'était toujours parfait pour lui. Pour le Maître, le monde matériel avec ses relations de toutes sortes n'était qu'un champ d'expériences propices à l'évolution spirituelle. Le Maître n'avait aucun besoin, et le disciple l'avait compris et ressenti.

Malgré tout, le disciple avait encore beaucoup de mal à jouer avec la vie. Dur, dur d'en prendre plein la tronche et d'en rire. Il aurait aimé parfois avoir plus d'humour. Il est si facile de se moquer des autres, mais beaucoup moins de soi lorsque son ego préféré en prend pour son grade!

Souvent, le disciple piquait une crise de colère intense. Mais devant le regard amusé de son Maître, il finissait par éclater de rire. Dernièrement, le Maître avait frappé juste et fort, là où ça faisait mal, dans le corps astral! Le disciple avait compris qu'il se sécurisait par l'affectif, et le Maître avait appuyé sur les cicatrices... Le disciple avait soudain eu l'impression que la terre s'ouvrait sous ses pieds. Privé d'affectif, le disciple n'avait plus de sécurité et il s'écroulait. Alors le Maître l'avait pris avec lui.

Le disciple était devenu comme une bête apeurée, sans aucune sécurité; il était à vif. Son corps astral était sens dessus-dessous et il piquait des crises de rage devant son impuissance et son insécurité.

Malgré tout, il tenait encore à son idéal, et toute l'énergie de son ego se réfugiait là.

Le Maître attendait patiemment pour lui donner le coup de grâce. Le disciple avait un ego, ou gardien du seuil, en piteux état: démoli au niveau physique, noyé au plan astral et vacillant au niveau mental. Ce serait bientôt l'hallali!

Le disciple se sentait de plus en plus coupé en deux! Une partie de lui se réjouissait et une autre voulait fuir et reprendre des forces. Tout son monde s'écroulait. Parfois, il en voulait terriblement à son Maître; puis, il se sentait coupable de nourrir de telles pensées envers celui qui était à la fois son vrai Père et sa vraie Mère. Mais c'était plus fort que lui: tout son être se révoltait, et il tournait le dos à la Lumière, à son âme.

Pourtant, il avait fourni tant d'efforts pour se rapprocher d'elle! Tant de travail, tant de renonciations pour abandonner et se sauver au dernier moment. Non! Il ne le pouvait même plus! Son âme ne le permettrait pas. Il était cuit! Condamné à l'Illumination!

Ce matin-là, il s'approcha de son Maître et lui demanda une entrevue privée: «Je tourne autour du pot et j'aimerais tomber dedans!»

Son Maître lui expliqua que son Gardien du Seuil commençait à se détacher de lui et qu'il pouvait en prendre conscience. «Tu vois, ton Gardien fonctionne aux trois niveaux de la personnalité. Une partie assure la sécurité extérieure, au niveau physique ou matériel. Une autre partie satisfait les besoins sentimentaux et les désirs au niveau astral. Et une troisième partie propose une ou plusieurs carottes en guise d'idéaux au plan mental.

»Tu es maintenant devenu suffisamment conscient de la partie astrale de ton Gardien ou ego. C'est ton travail sur les émotions, sur l'enfance et sur les mirages qui a permis cet état de choses. Le brouillard qui t'entourait s'est peu à peu dissipé, et tu y as vu plus clair; alors, tu as craqué. Ta prise de conscience au niveau astral t'a déséquilibré, car elle a coupé les pieds à ton Gardien. Sans sécurité, celui-ci se casse la figure. Et cela révèle tes Illusions au niveau mental.

»Finalement, tout se tient, et tu peux reconstituer entièrement ton Gardien. Il faut que tu saches cependant que le Gardien n'est pas la totalité de la personnalité. Il n'en est que le masque, la partie qui n'est pas le vrai toi. Quand, parfois, ton ego disparaissait et que tu t'abandonnais à moi, tu percevais ta véritable personnalité alignée sur ton âme. L'Illumination, c'est une étape plus avancée de cela.

»Le Gardien finira par disparaître (à la quatrième Initiation), et il ne restera que ton âme, qui aura absorbé ta personnalité réelle. Alors tu fonctionneras comme une personnalité dissoute ou fusionnée avec l'âme. L'âme dirigera mais elle se servira de ta personnalité pour rester «incarnée». C'est le Gardien qui empêche «cela». Et c'est parce que tu t'identifies au Gardien que tu souffres et que tu crois que tu vas mourir.

»En vérité, le Gardien doit disparaître, car tu n'es pas cela. Cherche derrière le masque du Gardien; tu es là, ta conscience est là. Ta conscience doit se détacher de ton Gardien ou ego et se tourner vers l'âme. Laisse tomber ton Gardien, tu n'es pas cela. Tourne-toi, ici et maintenant, vers ta Réalité. Arrête le combat! Et deviens ce que tu es!»

En entendant cela, je ferme les yeux et je ressens la main de mon Maître qui se pose sur mon front. Je ressens une puissante énergie qui fait irruption en moi. L'instant d'après, je me sens tomber en chute libre. Mais qui tombe?

Tout tombe, comme au ralenti!... Idéaux, mirages, fausses sécurités, tout y passe, tout dégringole...

Puis soudain, je ressens de nouveau la formidable énergie de mon Maître qui me propulse vers le haut. Je remonte à toute vitesse, mais je me sens différent et incroyablement léger. Mon mental n'a pas le temps de comprendre, il est dépassé. Je Suis au-delà.

L'espace d'un instant, je veux ouvrir les yeux... Je ne saurai jamais si je les ai ouverts ou non, mais j'ai vu... En face de moi, il y avait mon âme. Je croyais que le Guide était mon Maître, mais il était mon âme.

Un grand point d'interrogation dans mon mental, qui se met à réfléchir la Lumière de mon âme..., non, «ma» Lumière!... Tout bascule... **Je suis Lumière!**...

Longtemps après, je rouvre les yeux. C'est la première fois que je vois; avant, je me contentais de regarder. Mon Maître a disparu. De toute façon, le Maître est en moi pour l'éternité, car il n'est rien d'autre que **ce que je suis.**

Chapitre 4
Krishna et la dévotion

Le Bhakti Yoga, ou union par la dévotion, est une très ancienne voie spirituelle dont le but est d'amener l'aspirant à devenir complètement vide et abandonné, à l'image d'une flûte, afin que l'Univers-Dieu puisse jouer sa musique divine à travers lui.

La flûte est, en effet, le symbole de la dévotion. Lorsque l'aspirant, ou bhakta (celui qui pratique la voie de la dévotion), se purifie intensément et devient vide, il ressemble à une flûte, sa colonne vertébrale en constituant le corps et les sept chakras, les trous.

Pratiquer la dévotion, c'est devenir un instrument entre les mains du Seigneur Krishna. C'est être le canal de l'Univers-Dieu, ce qui se réalise en abandonnant sa volonté propre (c'est-à-dire son ego), afin de ressentir son appartenance au Tout.

La foi, la dévotion et l'abandon de soi sont des sujets très délicats et souvent incompris; aussi, je vais essayer de les aborder en faisant appel à la sagesse antique de l'Inde.

Les passages de certains ouvrages multimillénaires que je vais citer vont me permettre de rendre hommage au Seigneur Krishna, qui fut une incarnation divine totale et qui transmit l'enseignement de nombreuses voies spirituelles, dont le Bhakti Yoga.

La sagesse de l'Inde ancienne

Selon le *Brahma-Samhita*, Krishna est sat-chit-ananda-vigraha, c'est-à-dire qu'il possède tous les attributs spirituels et absolus en tant que: existence éternelle (*sat*), conscience ou connaissance parfaite (*chit*), béatitude infinie (*ananda*), dans une forme parfaite (*vigraha*).

Ce livre sacré précise: «Krishna est le Principe même de toute cause. Il est la Cause première et la Forme même de l'existence éternelle, toute de connaissance et de béatitude.»

La *Bhagavad-Gita*, un autre livre sacré bien connu, qui est une partie du monumental ouvrage qu'est le *Mahabharata*, donne une bonne définition du service dans la dévotion par l'intermédiaire de Krishna: «De tous les yogis, celui qui, avec une foi totale, vit toujours en Moi, m'adorant et me servant avec amour, Je le tiens pour le plus grand, et le plus uni à Moi.» (Chapitre VI-47)

La solution est d'immerger son mental dans la pensée de Krishna ou de son ishta devata (Maître spirituel ou divinité préférée), en le servant avec dévotion.

C'est le secret de la *Bhagavad-Gita*: l'inaction dans l'action. Le corps agit mais la conscience reste détachée des actes accomplis par le corps. La conscience reste fermement ancrée dans la Lumière. Ainsi, l'aspirant ne se crée plus de karma.

Toujours dans la *Bhagavad-Gita*, Krishna signale également: «Pour qui m'adore, abandonne à Moi tous ses actes et se voue à Moi sans partage, absorbé dans le service de dévotion et méditant constamment sur Moi, son mental fixé sur Moi, pour celui-là, ô fils de Prtha, Je suis le Libérateur qui bientôt l'arrachera à l'océan des morts et des renaissances.» (Chapitre XII-6/7)

On retrouve donc le même principe. Celui qui médite constamment sur Krishna n'agit plus, c'est Krishna qui agit à sa place. Il n'y a donc plus de karma, il n'y a qu'un instrument du divin.

L'abandon de soi consiste à s'absorber dans l'énergie de Krishna ou de son Maître spirituel, ou ishta devata. Le mental est fermement tenu dans la lumière, et l'aspirant n'agit qu'en tant qu'instrument ou canal du divin. Il n'a plus de volonté propre et il ne peut donc plus se sentir divisé. C'est la volonté individuelle de l'ego qui donne ce sentiment de division qui est une illusion.

> L'abandon de soi, c'est se ressentir indistinct du divin
> et canal de celui-ci. Il n'y a plus la partie distincte du Tout
> mais une partie intégrante du Tout,
> l'expression de ce même Tout sans volonté egotique,
> avec une conscience illimitée et immergée dans le Tout.

Le Srimad-Bhagavatam

Les Vedas représentent la sagesse de l'Inde antique. Après avoir été transmis oralement pendant des milliers d'années, ils ont été transcrits pour la première fois il y a cinq mille ans par le sage Sri Vyasa, qui est considéré comme une incarnation du Seigneur Narayana (ou Vishnu).

Celui-ci nous a légué les Vedas sous la forme de quatre livres. Il a également écrit les Puranas, qui forment un ensemble de dix-huit volumes. Ces volumes sont constitués de fables, de contes, de légendes et de mythes en rapport avec la spiritualité, mais difficiles d'accès pour l'Occidental ou le profane. Sri Vyasa a ajouté à ces écrits un recueil d'aphorismes aux Vedas, afin d'aider le chercheur à en trouver l'essence. Ce receuil porte le nom de *Vedanta-sutras*.

Entre-temps, Sri Vyasa a rédigé également le volumineux ouvrage que constitue le *Mahabharata*. Cet ouvrage raconte l'histoire symbolique et spirituelle de l'Inde antique. On y retrouve ce texte superbe portant sur la relation Maître-disciple (Krishna et Arjuna): la *Bhagavad-Gita*.

Le *Mahabharata* a été écrit pour les masses qui ne pouvaient pas comprendre les Vedas ou les Puranas. On l'appelle parfois le «cinquième livre des Vedas».

Je vous rappelle que l'Inde antique, qui s'appelait autrefois Bharata, constituait la plus grande civilisation que le monde ait connue après la disparition de l'Atlantide, il y a douze mille ans.

À cette époque, au début de l'ère aryenne, l'influence spirituelle de l'Inde antique rayonnait sur le monde entier. Les civilisations amérindiennes, lorsqu'elles parlent des grands Maîtres venus d'ailleurs pour leur enseigner, font référence à des Maîtres hindous (et non à des extra-terrestres, comme le croient quelques ignorants!).

L'Inde antique a été la civilisation la plus puissante jusqu'au début de ce qui est appelé le «Kali-Yuga», ou âge de fer, qui débute avec l'incarnation de Krishna, il y a un peu plus de cinq mille ans.

C'est à cette époque également que s'est incarné Vyasa, qui devait transcrire la sagesse spirituelle des Vedas afin que celle-ci ne se perde pas durant cet âge de grande noirceur.

Lorsque l'être humain sombre dans l'ignorance et s'écarte de la Lumière, le Seigneur s'incarne afin de le sauver. Telle était la mission de Krishna.

Vyasa, quant à lui, était chargé de rendre la sagesse hindoue plus abordable afin qu'elle ne soit pas perdue et aussi qu'elle soit transmise d'une manière plus large aux chercheurs de lumière. Ce qui semble n'avoir pas trop mal réussi depuis les quelques derniers milliers d'années puisque cette sagesse s'est conservée.

Après avoir transcrit tout ce qui vient d'être mentionné, Sri Vyasa se sentait encore insatisfait. Pendant qu'il méditait sur les bords de la rivière sacrée Saraswati, son Maître Narada lui apparut et il lui dit qu'il n'avait pas écrit les louanges du Seigneur Krishna et que c'était cela qui lui manquait et le rendait insatisfait.

Alors Vyasa se mit à écrire le *Srimad-Bhagavatam* à la gloire de Krishna, avec son œur débordant de dévotion pour le Seigneur. Il connut alors la paix et la béatitude. Ce livre est réputé pour apporter la Réalisation du Soi, en associant la Connaissance à la Dévotion. Vyasa a ensuite enseigné le contenu de cet ouvrage à son fils, le sage Suka.

Le *Srimad-Bhagavatam* est considéré comme étant un commentaire des *Vedanta-sutras*. Il est décrit comme le fruit mûr de l'arbre des Vedas. Il est censé représenter également un développement de la *Bhagavad-Gita* et il traite de tous les sujets spirituels, psychologiques et sociaux.

Une approche du Srimad-Bhagavatam...

Le saint-roi Pariksit fut averti de sa mort sept jours à l'avance et il demanda à rencontrer le sage Suka pour obtenir de lui toute la sagesse spirituelle. Il l'attendit sur le bord du Gange en jeûnant. Alors Suka vint et lui révéla le *Srimad-Bhagavatam*.

Durant sept jours, Suka enseigna les merveilles du *Srimad-Bhagavatam* au roi mourant. Celui-ci lui avait dit: «Puisque tu es le Maître spirituel des grands saints et bhaktas, je t'implore de tracer pour tous les hommes, et plus particulièrement pour celui qui est sur le point de mourir, la voie de la perfection. Indique-moi, je t'en prie, ce qu'un homme doit entendre, glorifier, se rappeler et adorer, mais aussi ce qu'il doit éviter. Daigne me révéler ce savoir.»

Dans le *Srimad-Bhagavatam*, appelé aussi le *Bhagavata Purana*, c'est donc Suka qui a fait office de Maître spirituel répondant aux questions de son disciple, le roi Pariksit. Krishna est le personnage central de cet ouvrage, qui passe pour une «bible» de la dévotion.

C'est dans le dixième chant qu'est racontée la vie de Krishna et ses relations avec les Gopis, ses disciples femmes du village de Vrindavan.

Krishna avait seize mille disciples femmes, ou gopis, mais ce nombre est symbolique. Il représente en fait toutes les qualités et tous les pouvoirs du chakra coronal qui est dit comprendre mille pétales, chacun disposant de seize qualités. Krishna était donc un Purnavatar, c'est-à-dire une incarnation parfaite du Seigneur.

Parmi ses disciples femmes, il y en avait huit qui étaient très proches de lui et, parmi celles-ci, deux qui étaient encore plus proche: Rhadarani et Candravali, et c'était Rhadarani qui, des deux, était sa plus proche disciple.

Le *Srimad-Bhagavatam* raconte, dans son dixième chant, comment Krishna attira à lui les gopis en jouant de la flûte. Lorsque celles-ci l'entendirent, elles lâchèrent toutes leurs préoccupations du monde. Elles laissèrent leur mari, leurs enfants, leurs travaux domestiques, etc. Elles abandonnèrent tout pour rejoindre Krishna et elles devinrent des disciples, ou gopis, de Krishna.

Ensuite vint l'épisode de la danse *rasa*. C'est une danse qui est faite en compagnie du Seigneur et qui a un sens spirituel. Symboliquement, elle représente l'union avec le Seigneur Krishna, avec le Bien-aimé.

Une nuit, toutes les gopis dansèrent avec Krishna la danse *rasa*. Grâce à ses pouvoirs divins, Krishna se multiplia afin que chaque gopi puisse danser avec lui. Elles purent ainsi lui exprimer tout leur amour et toute leur dévotion. Elles purent le toucher, l'embrasser et s'imprégner totalement de lui, de son énergie et de sa lumière.

Les gopis ne vivaient que pour Krishna, leur Maître spirituel. Elles le servaient d'une manière désintéressée. Plus rien n'avait d'attrait à leurs yeux en dehors de Krishna, de ses jeux et de ses divertissements avec elles.

Graduellement, les gopis commencèrent à se glorifier des faveurs de Krishna. Elles se sentaient supérieures aux autres femmes, car elles étaient en compagnie d'un Dieu vivant. Alors Krishna disparut.

Les gopis en furent attristées et ressentirent le sentiment de séparation. Elles imaginèrent alors Krishna partout. Elles le virent dans les animaux, dans les fleurs, dans les arbres. Elles tentaient même de l'imiter et de se mettre «dans sa peau». Elles étaient folles de lui et elles essayaient de se remémorer tout ce qu'elles avaient fait avec lui. Elles avaient même l'impression d'être devenues Krishna.

Krishna, pour sa part, était parti dans la forêt avec Rhadarani, sa plus proche disciple. Mais celle-ci voulut accaparer Krishna et elle lui demanda de bien vouloir la porter sur son dos. Krishna accepta, puis il disparut, laissant Rhadarani seule et désespérée au milieu de la forêt. C'est ainsi que les autres gopis la trouvèrent.

Au début, les gopis avaient été jalouses de Rhadarani, parce qu'elle était la plus proche disciple du Maître. Mais maintenant, elles prenaient conscience de leur orgueil et de leur besoin d'amour exclusif qu'elles devaient dominer.

Alors Krishna revint. Les gopis lui demandèrent pourquoi il les avait abandonnées.

Il leur répondit: «Chères amies, mes actes et mes paroles vous blesseront peut-être, mais vous devez savoir que parfois je ne réponds pas aux sentiments que m'adressent mes dévots. Leur attachement pour moi semble infini, mais parfois, pour qu'il se renforce encore, je m'abstiens de donner à leurs sentiments la réponse convenable. S'ils pouvaient m'approcher sans aucun mal, ne penseraient-ils pas alors: "Il est facile d'obtenir Krishna."? Aussi m'arrive-t-il de ne pas leur répondre.

»Quand un pauvre réussit à se constituer quelque richesse et qu'il la perd, il ne s'écoule pas une heure de sa vie qu'il ne songe à cette perte. De même, pour accroître l'amour de mes dévots, je feins parfois de les abandonner. Alors, loin de m'oublier, ceux-ci voient croître leurs sentiments pour moi.

»Amies, n'ayez pas un instant la pensée que je me sois conduit avec vous comme avec de communs bhaktas. Je sais qui vous êtes. Je sais que vous avez abandonné tous vos devoirs, sociaux et religieux, que vous avez rompu tous les liens avec vos parents, sans souci des conventions, pour venir à moi et m'offrir votre amour; je me sens de grandes obligations envers vous.

»Comment vous regarderais-je comme le commun des bhaktas? Sachez-le, je n'étais pas loin de vous. Toujours je suis resté proche. Je voulais seulement observer les ardeurs de votre désir, moi absent. C'est pourquoi, je vous en prie, ne cherchez pas à trouver dans ma conduite quelque défaut. Puisque votre amour est si grand, qu'il contienne aussi le pardon, si jamais j'ai mal agi.

»La richesse de votre amour, sans cesse tendu vers moi, je ne puis vous la rendre, même si je m'y applique le temps que vivent les devas sur les planètes édéniques. Non, vous rendre votre amour ou en montrer une juste gratitude, c'est chose impossible; tirez donc satisfaction de vos propres actes de vertu.

»Vous avez révélé pour moi un attachement exemplaire, capable de vaincre les plus grands obstacles nés des liens familiaux. Je vous en prie, soyez satisfaites de vous être montrées hautement exemplaires, car la dette que j'ai envers vous, jamais je ne pourrai m'en acquitter.» (*Srimad-Bhagavatam*, Xe Chant, chapitre 31)

Si forte était la dévotion des gopis qu'elles ressentaient sans cesse le sentiment de séparation dès qu'elles se trouvaient loin de Krishna.

Dans le Bhakti Yoga, il est dit que lorsque le bhakta est privé du contact physique avec le Seigneur Krishna, il peut, comme les gopis, se relier à Lui à travers le sentiment de séparation.

Il existe neuf moyens de service de dévotion (que je décrirai en détail dans le prochain chapitre) qui, lorsque accomplis avec un sentiment de séparation, élèvent le bhakta au niveau de la dévotion des gopis. Mais le but est de s'absorber en Krishna, d'entrer dans ses pensées, d'entrer en Lui, de devenir Lui.

Lorsque Krishna s'est éloigné des gopis, ce fut pour leur permettre de ressentir la séparation. Il leur transmit alors ce message par son disciple Uddhava: «Chères gopis, c'est à dessein que je me suis éloigné de vous, pour que croisse votre amour pour moi, déjà d'une excellence rare. Cette séparation, je l'ai voulue, afin que vous demeuriez en constante méditation sur ma personne.» (*Srimad-Bhagavatam*, X^{e}Chant, chapitre 46)

Le principal problème de l'aspirant est de séparer le matériel du spirituel. Et même pendant sa sadhana, ou pratique spirituelle, il dissocie bien souvent service dans le monde et travail de méditation. Ou bien il est dans le monde, même lorsqu'il sert son Maître spirituel ou le Seigneur (ce qui est la même chose), ou bien il entre en méditation en étant coupé du monde.

Le sentiment de séparation généré par l'absence de Krishna a fait que les gopis pensaient constamment à Lui dans toutes leurs activités ainsi que pendant leurs méditations. Finalement, leur vie entière était devenue une méditation ou un service de dévotion. Il n'y avait plus de séparation entre l'extérieur et l'intérieur. Elles avaient accueilli Krishna en elles, et leur mental était totalement absorbé par la pensée de Krishna. Elles étaient donc naturellement en méditation.

Elles atteignirent ainsi le but visé, en devenant **un** avec Krishna.

Krishna connaissait bien la psychologie féminine. Lorsqu'une femme est amoureuse avec dévotion et que son Bien-aimé est loin d'elle physiquement, elle pense à lui constamment, à longueur de journée. Elle est en méditation sur son Bien-aimé et elle le ressent en elle comme s'il était réellement présent devant elle.

> **La méditation constante sur Krishna
> ou sur n'importe quel autre ishta-devata
> (forme personnelle de Dieu) conduit au samadhi
> (béatitude sans aucune pensée), car la dualité disparaît.**

Ainsi, le Seigneur Krishna enseigna d'offrir son service au divin avec dévotion, en cultivant un sentiment de séparation. C'est le meilleur moyen de penser constamment à son ishta-devata, de s'absorber en Lui, de fondre ses pensées dans les siennes, de se perdre en Lui, pour finalement s'abandonner à Lui et fusionner avec Lui.

C'est après avoir ressenti pleinement la dualité par la séparation (ce qui provoque la douleur) que le bhakta éprouve le besoin de se fondre, de s'unir avec son ishta-devata et qu'il devient **un** avec Lui.

Les gopis représentent le parfait modèle de la réalisation spirituelle par le Bhakti Yoga. La *Bhagavad-Gita* confirme que quiconque se fond dans le Seigneur Krishna atteint la plus haute réalisation spirituelle. C'est aussi le message des gopis dans le *Srimad-Bhagavatam*.

Dans le onzième chant de ce même ouvrage, Krishna donne un enseignement à son disciple Uddhava. Il dissipe tous ses doutes et le renseigne sur toutes sortes de sujets. Uddhava est considéré comme le plus proche disciple de Krishna.

Lorsque Uddhava demande à Krishna: «Quelles sont les caractéristiques d'un dévot?», le Seigneur lui répond: «Un dévot est rempli de compassion pour toutes les âmes. Il ne cause de tort à personne; il est très patient, et sa nature est de pardonner. Il est toujours sincère et pur en esprit. Il n'est affecté ni par les joies ni par les peines. Son jugement n'est pas altéré par ses sens. Il dépend de Moi pour chaque chose. Il a conquis le chaud et le froid, l'avidité et l'égoïsme, la faim et la soif.»

Uddhava lui demande alors: «Comment la dévotion peut-elle être une méthode de libération plus grande que les autres?» Krishna lui répond: «Celui qui a fixé son mental sur Moi par dévotion, sans attendre de récompense, trouve la joie dans chaque partie du monde. Ses sens et son mental sont maîtrisés. Il a la paix et il est au-delà de l'attirance et de la répulsion. Il est délivré des désirs, il n'est plus influencé par les objets. La dévotion associée à la révérence purifie de toutes les impuretés.»

Ici se trouve soulignée l'importance de ne pas être attaché au résultat et de n'avoir aucune attente. La dévotion implique souvent l'attente. C'est un sentiment qui doit être dépassé afin de pouvoir se libérer de la dualité. Notez également que Krishna insiste sur le fait que le bhakta se situe entre les paires d'opposés; il est au milieu, au-delà des choix.

Krishna explique aussi à Uddhava la façon de méditer sur lui, en le visualisant intérieurement et en concentrant son mental sur sa forme en tant que Seigneur. Cette méditation doit déboucher sur la contemplation qui permettra au disciple de devenir **un** avec son Maître.

L'enseignement que Krishna a donné à son disciple Uddhava peut être résumé en ces phrases: «Vois chaque chose en Moi, et Moi en chaque chose. Abandonne-toi à Moi. Fais toutes tes actions par égard pour Moi. Coupe toutes les sortes d'attachements. Aie une parfaite et constante dévotion pour Moi. Chante Mes gloires.»

Il y a beaucoup d'autres enseignements à tirer de ce texte sacré, mais j'espère que cette brève synthèse vous aidera à mieux comprendre ce que signifiait, à l'origine, la dévotion en tant que voie spirituelle.

Je vous invite à méditer sur ces textes afin d'en recevoir toute la lumière. Et puisse cette méditation vous rapprocher de votre âme afin qu'elle vous fasse ressentir ce qu'est la dévotion.

Om namo bhagavate vasudevaya...

Chapitre 5
Le yoga de la dévotion

Dans le précédent chapitre, j'ai retracé pour vous l'histoire symbolique du Bhakti Yoga, ou voie spirituelle de l'union au Seigneur par la dévotion.

Maintenant, je souhaite vous présenter les méthodes qui appartiennent à cette voie et qui permettent de développer cette dévotion. Il s'agit de méthodes traditionnelles, ce qui ne signifie pas que l'Occidental doive les utiliser aujourd'hui.

Le présent chapitre vous propose justement une voie de dévotion moderne telle qu'elle peut être vécue dans une voie spirituelle de synthèse en Occident.

Mais pour revenir à la tradition, nous allons tout d'abord essayer de définir le mot «dévotion».

> **Étymologiquement parlant, le mot «dévotion» signifie vœu par lequel on se consacre entièrement à Dieu, attachement sans réserve. En sanscrit, le mot «dévotion» se dit *bhakti*; il vient de la racine *bhaj*, qui signifie donner ou recevoir, partage.**

La dévotion est un amour élevé qui relie l'aspirant à Dieu. C'est le fait de se centrer sur le divin. C'est aussi partager son amour avec Dieu. C'est un moyen de se reconnecter à la Source en cultivant l'amour pour le Soi. C'est un amour qui est éternel puisqu'il est centré sur ce qui est réel, immuable et impérissable. Il ne s'agit pas d'un amour humain mais d'un amour divin. C'est passer de l'amour périphérique ou extérieur à l'amour du cœur, celui qui émane du centre.

C'est passer de l'amour conditionnel à l'amour inconditionnel.

Les bases de la dévotion sont la foi et l'aspiration. La foi est le résultat des impressions karmiques du mental. La foi se renforce donc de vie en vie selon vos actes et les leçons que vous en avez tirées. Votre foi est plus ou moins importante, selon votre niveau d'évolution spirituelle. Mais la foi doit être associée à la compréhension pour rapprocher le chercheur de la vérité. Seule cette foi-là est synonyme d'évolution.

Sans la connaissance, la foi est aveugle. La foi n'est pas la croyance. Elle est le résultat des expériences de vos précédentes existences qui vous ont apporté la confiance. Chaque fois que vous expérimentez une situation particulière, que vous en comprenez le sens et que vous en tirez une leçon que vous intégrez, il en résulte la foi. Ainsi, la prochaine fois que vous vous retrouverez devant la même situation, vous serez sûr de vous, vous aurez foi en vous et en l'Univers, car vous aurez déjà mené à bien cette expérience dans le passé.

La pratique de la dévotion développe la foi; mais si cette dernière n'a pas été suffisamment cultivée dans de précédentes vies, l'aspirant éprouvera des difficultés à suivre la voie de la dévotion. Pour toute voie spirituelle, la foi est une nécessité. C'est la foi qui conduit à l'aspiration.

Au fil des expériences que vous avez faites dans le monde matériel, vous avez gagné la foi. Cette foi est comme un feu qui va vous pousser toujours plus loin et qui vous amènera jusqu'à l'aspiration.

C'est cette aspiration à rejoindre son âme et Dieu qui se développe en dévotion, pour déboucher ensuite sur l'abandon de soi.

Les neuf services de dévotion

Pour se lancer dans la dévotion, il faut préalablement se détacher du monde matériel. L'aspirant ne peut servir deux maîtres à la fois: le monde matériel et Dieu. Il doit donc tout d'abord se détacher du monde, en travaillant sur ses désirs du monde matériel et en passant par la renonciation.

La tradition insiste sur le fait que seul celui qui arrive à se détacher du monde matériel peut atteindre Dieu par la dévotion.

Pour aider le candidat au Bhakti Yoga, la tradition conseille neuf formes de services de dévotion. Les voici:

- *Sravana*: entendre les histoires et les divertissements (lilas) du Seigneur.
- *Kirtana*: chanter ses gloires.
- *Smarana*: se rappeler constamment son nom et sa présence.
- *Padasevana*: service à ses pieds.
- *Archana*: adoration, vouer un culte au divin.
- *Vandana*: prosternation.
- *Dasya*: se sentir comme un serviteur de Dieu.
- *Sakhya*: cultiver le sentiment d'amitié avec Dieu.
- *Atma-Nivedana*: complet abandon de soi.

Un aspirant bhakta peut pratiquer une ou plusieurs de ces méthodes pour atteindre l'Illumination et la fusion avec le Seigneur.

Voyons maintenant en détail chacune de ces méthodes traditionnelles.

Sravana

Cette méthode consiste à entendre les histoires et les divertissements du Seigneur Krishna. Il s'agit d'écouter toutes les histoires racontées dans les livres sacrés (comme celles qui ont été présentées succinctement dans le chapitre précédent), dites, si possible, par un Maître de Bhakti Yoga, et de s'en pénétrer totalement.

Lire simplement les textes sacrés n'est pas suffisant, car c'est l'énergie divine qu'il faut ressentir dans ces textes. Seul un Initié saura faire passer toute l'énergie divine de ces textes et vous en apporter toute la Lumière.

Kirtana

Cette méthode consiste à chanter les gloires du Seigneur. Le bhakta chante et danse en extase, par amour pour Dieu. Il se perd dans cet amour et dans ses chants et danses. Cela peut consister à chanter des mantras en l'honneur du Seigneur.

Smarana

Cette méthode consiste à se rappeler constamment le Seigneur. Le mental doit se souvenir tout le temps du nom du Seigneur et de sa forme. Cette forme de dévotion inclut la méditation sur le Seigneur Krishna ou sur son ishta-devata afin d'immerger le mental dans cette pensée remplie de dévotion. Cette méthode demande beaucoup de concentration et de méditation.

Padasevana

Cette méthode est le service aux pieds du Seigneur. Lorsque Krishna n'est pas incarné, ce n'est guère possible, mais on peut le faire avec un Maître incarné ayant réalisé le Soi qui jouera le rôle d'ishta-devata.

Parfois, le bhakta se lance dans le service à l'humanité, car servir l'humanité, c'est servir le Seigneur qui habite en chaque être (l'âme).

Archana

Cette méthode consiste en l'adoration du Seigneur, au fait de lui vouer un culte. L'adoration peut être pratiquée à l'aide d'une image ou même d'une image mentale du Seigneur (à notre époque, il pourra s'agir d'une photo d'un représentant d'un Maître incarné, par exemple). L'image du Seigneur ou de l'ishta-devata devra complètement captiver, remplir et absorber le mental du bhakta.

L'adoration peut consister en un rituel pratiqué dans un temple ou dans une partie sanctifiée de sa maison. Durant ce rite, le mental du bhakta restera fermement concentré sur la forme du Seigneur ou de l'ishta-devata et il pensera aux qualités divines dont Il dispose.

Vandana

Cette méthode comprend la prière et la prosternation. Il s'agit de reconnaître Dieu en toute chose et en tout être et de se prosterner devant les multiples formes du Seigneur. Cela développe l'humilité.

Dasya

Cette méthode représente la relation de serviteur par rapport au Seigneur. Le bhakta se considère ici comme l'esclave de Dieu; il réalise tous les désirs du Seigneur en s'oubliant complètement (totalement irréalisable pour un Occidental, n'est-ce pas?). Le but de cette méthode est de développer l'humilité et de gagner la divine grâce en offrant ses services à Dieu.

Sakhya

Cette méthode consiste à cultiver un lien d'amitié avec Dieu. Il s'agit de traiter le Seigneur comme un ami avec lequel on partage tout, comme s'il était la personne la plus proche du bhakta. L'aspirant traite tout le monde comme un ami ainsi que toute chose ou tout être. Il se réjouit constamment de tout ce qu'il peut faire pour son «ami» divin.

Atma-nivedana

C'est la méthode ultime de l'abandon de soi. Dans le texte sacré du *Vishnu-Sahasranama*, il est dit: «Le cœur de celui qui a pris refuge en Vasudeva (un autre nom pour le Seigneur Krishna), qui est pleinement dévoué à Vasudeva, se trouve entièrement purifié, et il atteint Brahma, l'Éternel (c'est-à-dire la réalisation du Soi).»

Le bhakta offre tout à Dieu: ses possessions matérielles, son corps, son mental et son âme. Il ne garde rien pour lui-même. L'abandon de soi, c'est tout ou rien. Il perd toute existence indépendante et séparée. Il regagne la Source et redevient une partie du Tout, immergée dans le Tout.

Il sait que Dieu prendra soin de lui mieux qu'il ne peut le faire lui-même, ce qui implique une foi absolue en l'Univers. C'est passer de la conscience egotique à la conscience de groupe ou de la conscience séparatrice à la conscience universelle ou synthétique. Le mental s'immerge dans l'âme. La goutte d'eau retourne à l'océan.

Quelques aspects du Bhakti Yoga...

On appelle *Raga* cet extrême désir ou cette soif intense pour l'objet de sa dévotion. *Raga* est cultivé, aussi bien extérieurement qu'intérieurement.

Extérieurement, le bhakta chante les louanges du Seigneur, pratique son culte, etc. Intérieurement, il médite sur lui, se visualisant dans toutes sortes d'activités avec le Seigneur ou avec son ishta-devata. Il peut même se visualiser à la place de son ishta-devata, avec les mêmes attributs que lui. En fait, il se glisse «dans la peau» de son ishta-devata, il s'identifie à lui au gré de son imagination créatrice. Il peut se glisser dans le mental de son ishta-devata, essayant de penser comme lui et de se comporter comme lui en s'oubliant totalement.

Rasa est un état émotionnel divin, un état de suprême félicité. *Bhava* est le nom de cet état émotionnel dont l'essence est l'harmonie pure. *Rasa* et *Bhava* sont des états d'émotions intenses éprouvées par le bhakta fou d'amour pour son Bien-aimé.

La tradition du Bhakti Yoga distingue des dizaines d'états émotionnels de plus en plus raffinés par lesquels le bhakta passe en exprimant sa dévotion à son Bien-aimé, ou ishta-devata.

Rasa est aussi appelé le plus haut état émotionnel du Cœur, et Krishna est considéré comme une incarnation du *Rasa*. Au plus haut sommet du *Rasa* se trouve *Bhava*, qui est un «ressenti» de pure félicité au-delà des émotions et de la passion. *Bhava* est un état qui calme le mental et induit l'équilibre parfait (*sattva*). Cet état de *Bhava* est généré grâce à l'âme et à la connexion que le bhakta a avec elle lors de sa dévotion.

Lorsque *Bhava* est profondément enraciné dans le mental, il crée un état de permanente tranquillité, qui est la base de la béatitude et de la réalisation du Soi. Il est dit que l'amour entre le bhakta et son Bien-aimé est le plus dense et le plus fort qui soit. Le summum de l'amour est atteint grâce à cette relation.

Cette relation d'amour entre le bhakta et le Bien-aimé est la contrepartie de l'amour conjugal, sauf qu'il s'agit ici d'un amour qui dépasse tout, d'un amour pur, intense, sans réserve, incompréhensible, entier. Le mental est complètement perdu dans une expérience totale entre le bhakta et son ishta-devata.

L'aspirant à la dévotion se perd dans l'amour pour son Bien-aimé et, ce faisant, il atteint la plus haute intensité de joie et de félicité.

Au plus haut stade de cette dévotion, le bhakta perd la notion de «je suis l'amoureux et Il est le Bien-aimé», et les deux deviennent UN, immergés dans l'océan de la béatitude.

L'abandon de soi

L'abandon de soi consiste à abandonner totalement sa conscience et son mental séparateurs et individualistes à l'Univers-Dieu, sans aucune restriction.

L'abandon de soi constitue l'amorce d'un profond processus de purification du cœur. Il attire la grâce divine qui permet l'unification, l'initiation, la transformation et l'inspiration. La grâce rend divin l'aspirant et l'aide à réaliser le Soi.

L'abandon de soi est très difficile à réaliser, car pour abandonner son ego au divin, encore faut-il le connaître! On ne peut abandonner que ce que l'on connaît. Or, lorsque l'aspirant se connaît bien, c'est habituellement parce qu'il est assez individualiste. Il n'a donc pas envie d'abandonner son cher ego qu'il a cultivé, poli et purifié dans cette vie et dans les précédentes.

Généralement, l'aspirant ne sait pas ce qu'est l'abandon de soi. Il croit qu'il va perdre quelque chose: lui-même. Il croit qu'il va en souffrir, et même en mourir.

Or, il n'en n'est rien. L'abandon de soi n'est pas une perte. L'aspirant y gagne le Tout, toutes les qualités divines. Il devient UN avec le Seigneur.

L'abandon de soi commence par toutes sortes de renonciations. L'aspirant renonce à sa vie familiale, à son passé, à tout ce qui constituait sa vie. S'il y arrive, il pourra se consacrer au service de l'humanité ou au service de son Maître et ishta-devata. S'il ne s'attache à aucun de ses actes et qu'il n'a aucune attente par rapport à ceux-ci, il se trouve sur la bonne voie. Peu à peu, il se rapprochera de l'abandon de soi.

Vous comprenez maintenant la difficulté de cette voie. Je ne vois guère l'Occidental attaché à son bien-être matériel et rempli de tous les désirs générés par la société de consommation se lancer si facilement dans la renonciation et l'abandon de soi.

Lorsque l'aspirant arrive à s'abandonner à son Maître, ou ishta-devata, la grâce coule sur lui et achève de le purifier. Il peut alors atteindre très rapidement les plus hauts sommets de l'évolution spirituelle et expérimenter l'Illumination, puis la Réalisation du Soi. Son mental fusionnera avec son âme, et il se libérera de sa cage.

Les onze clés de Sri Ramanuja

Voici onze conseils s'adressant au bhakta, tels qu'ils ont été formulés par Sri Ramanuja, un grand yogi hindou du XIe siècle.

1) **Abhyasa**
   C'est une pratique qui consiste à orienter continuellement son mental vers le divin et son ishta-devata. Il s'agit de méditer régulièrement sur le Seigneur ou son ishta-devata afin de purifier son mental et de l'intérioriser.

2) **Viveka**
   C'est faire preuve de discrimination afin de savoir ce qui est juste pour nous. En tout domaine, l'aspirant essaie de trouver ce qui est juste pour réaliser sa voie de dévotion.

3) **Vimoka**
   C'est le fait d'éprouver du désir uniquement pour Dieu ou son ishta-devata. L'aspirant doit renoncer à tous les désirs matériels. Il s'agit de ne plus rien désirer pour soi, hormis l'union avec Dieu.

4) **Satyam**
   Il s'agit de cultiver la vérité. Dieu est vérité. Pour le rejoindre, l'aspirant doit cultiver la sincérité, la transparence et la vérité.

5) **Arjavam**
   C'est l'honnêteté, et donc la suite du conseil précédent. L'aspirant doit avoir un cœur d'enfant, avec toute son innocence.

6) **Kriya**
   C'est l'action vouée uniquement au service des autres. C'est purifier son cœur en aidant autrui.

7) **Kalyana**
C'est le fait de désirer le bien d'autrui. (C'est le complément du conseil précédent.) C'est, par exemple, prier et méditer pour la paix dans le monde.

8) **Daya**
C'est la compassion qui est, elle aussi, une qualité complémentaire aux précédentes et qui demande à l'aspirant d'agir en fonction de ce dont les autres ont besoin pour leur évolution.

9) **Ahimsa**
C'est un aspect de la paix, la non-violence qui permet de ressentir son unité avec tout ce qui vit, de reconnaître sa participation à l'Univers. C'est l'expression pleine et entière de la force de vie. Cela génère la fraternité et l'amour inconditionnel.

10) **Dana**
C'est la charité, mais sans attendre aucune reconnaissance en retour. C'est le fait d'avoir un cœur ouvert.

11) **Anvasada**
C'est l'espoir, l'optimisme dans la persévérance. Quoi qu'il arrive, l'aspirant exprime sa gratitude envers l'Univers, car il a foi en Lui. Il n'y a pas de place pour l'apitoiement sur soi dans la dévotion. Le bhakta se sent aimé de Dieu. De quoi pourrait-il se plaindre?

Il y aurait beaucoup à dire sur la tradition du Bhakti Yoga, mais j'ai préféré vous en présenter une synthèse pour ne pas vous noyer dans toutes sortes de détails. J'espère que cette approche vous aidera à mieux comprendre cette voie spirituelle multimillénaire.

Dans le prochain chapitre, je vous donnerai mon avis quant à la manière d'utiliser la dévotion dans une voie spirituelle moderne de synthèse comme celle que je transmets aujourd'hui.

Audacieux aspirant!
Le Seigneur t'aime,
même quand tu lui tournes le dos.
Imagine combien il t'aimera
si tu te tournes vers lui à nouveau
avec sincérité, foi et dévotion!
Très grand est son amour,
plus grand que la plus grande des montagnes.
Très profond est son amour,
plus profond que le plus insondable des océans!

Chapitre 6
La dévotion, aujourd'hui, en occident

La dévotion, comme nous l'avons vu dans les précédents chapitres, est un moyen d'évoluer spirituellement. La dévotion, parfois appelée la «voie ensoleillée», est considérée comme la voie la plus facile et la plus directe pour rejoindre le divin. Seulement, c'est aussi une voie qui attire beaucoup d'illusions.

La dévotion, cet amour infini, attire beaucoup de gens rêveurs et idéalistes qui espèrent rencontrer le «grand amour» et qui ont un intense besoin qu'on s'occupe d'eux. Ces personnes immatures adorent qu'on leur parle d'amour et de dévotion, et elles en rêvent, mais elles n'ont aucune idée de ce que cela signifie.

Il est important de dépasser quelques rêves d'enfant pour pouvoir développer la dévotion. Si l'on recommande de redevenir comme un enfant dans la voie spirituelle, encore ne faut-il pas confondre cela avec de l'infantilisme.

Le but de la dévotion n'est pas de vivre un «grand amour romantique», comme les gens l'entendent habituellement, mais de rejoindre son âme et Dieu. Ce n'est pas du rêve, c'est extrêmement concret.

Bien sûr, tous les grands affectifs, tous les grands amoureux possèdent ce potentiel de dévotion en eux, mais il s'agit là de leur plus grande faiblesse.

Pour l'être humain moderne, je pense qu'il est nécessaire d'associer la connaissance à la dévotion. Il est extrêmement délicat de laisser un aspirant progresser uniquement du point de vue de la dévotion alors qu'il doit apprendre à développer son mental et sa compréhension. Il est difficile pour l'homme actuel, surtout Occidental, d'aimer ce qu'il ne comprend pas.

La foi est importante, il est vrai, mais sans la compréhension, elle devient du fanatisme et entraîne l'homme dans le mirage et l'illusion. Ici, je ne parle que pour moi-même. Mais je pense néanmoins que l'être humain a fait des progrès et qu'il doit s'orienter vers de nouvelles manières d'évoluer qui tiennent compte de sa nature profonde et des instruments qui sont actuellement à sa disposition.

Certaines voies spirituelles du passé ne sont plus forcément d'actualité. Il est nécessaire de tenir compte de l'être humain tel qu'il se présente aujourd'hui devant la Porte de l'Initiation.

L'objectif poursuivi par la race aryenne à laquelle nous appartenons (notre civilisation depuis la destruction de l'Atlantide, il y a douze mille ans) est de réussir le développement du mental afin de pouvoir visualiser correctement tout ce que l'on souhaite, ce qui implique une certaine ouverture du chakra frontal. Si l'on garde à l'esprit la pensée que le but ultime poursuivi par l'humanité dans le présent cycle d'évolution est l'amour, on comprend un peu mieux comment doit évoluer l'être humain.

Il doit associer les qualités de visualisation et d'ouverture mentale avec l'aspect amour. En associant la dévotion avec la connaissance, comme le préconise Krishna dans la *Bhagavad-Gita* ou dans le *Srimad-Bhagavatam*, nous obtenons ce subtil mélange qui permet à l'être humain d'atteindre la Réalisation du Soi.

Aujourd'hui, une voie spirituelle de synthèse propose d'associer le mental, ou la connaissance, avec le cœur ou la dévotion. Je ne prétends pas connaître toutes les voies spirituelles et je ne peux parler que de ce que j'expérimente avec le Jyoti Yoga que je transmets.

La dévotion: quand et comment?

Soulignons tout d'abord que la dévotion est une qualité de l'âme. Développer sa dévotion, c'est donc exprimer une qualité de son âme et s'aligner sur elle.

Par ailleurs, la dévotion s'exprimera plus facilement à travers une nature affective ou émotionnelle. Généralement, ce sont les femmes qui sont les plus compatibles avec ce type de voie.

Compte tenu de ce que j'ai écrit dans les précédents chapitres, vous comprendrez que la dévotion ne peut s'adresser aux débutants. C'est trop risqué, à cause des illusions qui sont rattachées à l'amour.

Vous avez vu que l'on développe d'abord sa foi, puis son aspiration et que l'on arrive ensuite à la dévotion. Je pense que tant que le chakra du cœur n'est pas ouvert, il ne vaut même pas la peine d'y songer. Pour être plus précis, je dirai que la dévotion ne peut commencer qu'après la première Initiation et elle ne peut véritablement se concrétiser que lorsque l'aspirant a suffisamment «ressenti» que la voie spirituelle est sa seule raison de vivre et que tout le reste n'a plus d'importance à ses yeux.

Combien de personnes intéressées par la spiritualité passeront ce cap difficile? Très peu. Des millions de gens s'intéressent en effet à la spiritualité, à la croissance personnelle, et elles vont même faire quelques pas dans une voie spirituelle, mais elles ne sont pas prêtes à s'engager vraiment si cela leur demande quelque changement. Elles mettent un pied dedans, mais il n'est pas question pour elles de remettre en cause leurs centres d'intérêts. Le moindre changement ou la moindre remise en question les fait fuir.

Certaines de ces personnes arrivent, à force de discipline et de persévérance, à la première Initiation, ce qui est une grande réussite pour elles. Mais elles ne pourront jamais aller plus loin dans cette vie, car elles n'ont pas le courage de lâcher leur passé, ce qui est demandé après la première Initiation si on décide d'aller plus loin. C'est quelque chose de logique mais d'impensable pour ces personnes.

Si, après avoir vécu pendant trente, quarante ou cinquante ans uniquement au service de votre personnalité ou ego, vous voulez vous rapprocher nettement de votre âme, vous devrez forcément faire de nombreux changements intérieurs et extérieurs. Mais cela demande beaucoup de maturité et de courage.

Revenons aux conditions nécessaires, selon moi, pour se lancer dans la dévotion.

- Il faut être engagé dans une voie spirituelle.

- Il faut avoir passé la première Initiation (qui aura été donnée par un Maître ayant réalisé le Soi).

- Il faut avoir «ressenti» que la voie spirituelle représente la chose la plus importante de sa vie, et ainsi être capable de «lâcher» son passé.
- Il faut disposer d'une nature affective ou émotionnelle.

Dans le cadre d'une voie spirituelle, la dévotion sera faite avec un ishta-devata incarné par le Maître spirituel de cette voie.

Pour que cette voie soit exprimée d'une manière vraiment juste, il est capital que l'aspirant ait déjà vécu quelques expériences relationnelles afin de pouvoir laisser tomber ses attentes. Si vous être trop en attente de vivre une relation amoureuse épanouissante, vous ne pourrez guère vous lancer dans la dévotion. Il faut un minimum de détachement vis-à-vis des relations classiques de couple pour pouvoir vous consacrer à l'amour divin.

Bien souvent, avant de passer à la dévotion, l'aspirant aura besoin de vivre une relation amoureuse dans laquelle il pourra expérimenter avec conscience toutes les limites et toutes les attentes illusoires de l'amour humain. Ce n'est qu'après cette expérience qu'il sera prêt à abandonner l'amour humain pour l'amour divin.

Laisser tomber ses relations pour l'«Unique» relation est extrêmement difficile, voire impossible, pour la majorité des gens.

> **Dans ce sens, vous comprendrez que la dévotion se pratique surtout lorsqu'on vit seul et que l'on n'attend plus rien de la relation de couple.**

Évidemment, j'entends d'ici les ego frustrés qui se disent que puisque l'amour humain est si décevant, mieux vaut se mettre à l'amour divin. Comprenez-moi bien. Il ne s'agit en aucun cas de rejeter l'amour humain parce qu'il nous a déçu et de se lancer dans l'amour divin. Pour être capable d'abandonner toute attente, il faut avoir vécu des relations satisfaisantes sur le plan humain.

Il faut renoncer ou se détacher de l'amour humain mais pas le rejeter. Il faut aller au-delà, dans une dimension plus vaste, plus riche et plus évolutive, mais sans rejeter quoi que ce soit.

Lorsque vous avez fait le tour d'une expérience particulière, vous en avez la connaissance et vous êtes capable de la lâcher pour passer à autre chose. C'est cela qu'il faut ressentir avec l'amour humain. Et c'est la raison pour laquelle j'appelle la relation de dévotion entre un Maître et un disciple l'«ultime relation». Elle implique en effet que vous avez expérimenté largement les autres formes de relations auparavant, dans cette vie et dans les précédentes.

Pour résumer, disons que l'aspirant qui a passé la première Initiation, qui a «ressenti» qu'il voulait consacrer sa vie entière à son évolution spirituelle et qui est de nature affective ou émotionnelle peut commencer à cultiver la dévotion sous les conseils de son Maître spirituel.

Le Maître spirituel jouera un rôle de support pour l'expression de la dévotion de son aspirant ou disciple.

À quoi sert la dévotion?

La dévotion sert de moyen de purification émotionnelle. La dévotion est une extension de l'aspiration. C'est-à-dire que c'est un mouvement ascensionnel. Ce mouvement vers le haut, qui est typiquement de nature yin ou féminine, permet de transmuter les émotions. L'énergie émotionnelle est ainsi tirée vers le haut, vers les chakras supérieurs, situés au-dessus du diaphragme. Les émotions et les désirs de bas niveau sont transmutés en émotions et en désirs spirituels.

La dévotion aide à maîtriser ses émotions et à se préparer pour la deuxième Initiation, le «baptême», qui a pour but la maîtrise émotionnelle. La dévotion attire l'énergie vers le haut et permet de renforcer l'effet de la première Initiation en aidant l'aspirant à utiliser correctement son énergie sur le plan matériel. Par cette aspiration à rejoindre son Bien-aimé, l'aspirant transmute son désir sexuel et ses émotions négatives en créativité, en service ou en pouvoir de guérison.

La dévotion est un fantastique purificateur émotionnel puisque le bhakta est sans cesse focalisé sur l'amour divin qu'il essaie d'exprimer. De plus, la dévotion permet de focaliser le mental sur le Bien-aimé, pour le purifier et le concentrer.

Nous retrouvons donc un travail sur les trois plans:

- Sur le plan physico-éthérique, nous avons une transmutation des énergies qui se réorientent vers des buts plus élevés et plus spirituels, ce qui permet de venir à bout de la Maya, ou l'illusion sur le plan matériel.

- Sur le plan émotionnel ou astral se produit une purification intense causée par le bhakta qui exprime des émotions et des désirs élevés et spirituels en ouvrant son cœur de plus en plus.

- Sur le plan mental, il y a une concentration sur l'objet de la dévotion (le Bien-aimé), ce qui focalise et purifie intensément le mental et ce qui l'amène à s'intérioriser davantage si le bhakta pratique une dévotion de plus en plus intérieure.

En définitive, la dévotion sert à préparer l'aspirant à la deuxième Initiation, le «baptême», mais aussi à aller plus loin en focalisant son mental sur son ishta-devata, ce qui l'amène à l'immersion dans les pensées de l'ishta-devata. C'est la porte du samadhi, qui conduit à l'abandon de soi puis à l'Illumination.

Les techniques de dévotion

- Les méditations et exercices de transmutation peuvent être associés à la dévotion, car ils contribuent à réorienter son énergie vers le divin, ce que fait naturellement le bhakta.

- Le service désintéressé est également un excellent moyen pour exprimer sa dévotion. Le service peut être rendu à son ishta-devata, ou Maître spirituel, mais il peut également être rendu à n'importe quelle personne puisque chacun a Dieu en lui, sous la «forme» de son âme. Le plus grand service que l'aspirant peut rendre à son ishta-devata ou à l'humanité est d'amener un nouvel aspirant dans la voie spirituelle.

- La créativité peut être un excellent moyen d'exprimer sa dévotion en faisant de l'aspirant un instrument du divin, ou de son ishta-devata, pour manifester la créativité de l'Univers-Dieu.

- Dans le même ordre d'idées, la guérison psychique permet d'être un instrument de l'Univers ou un canal pour l'énergie divine. Durant la guérison psychique, l'aspirant guérisseur s'abandonne totalement aux énergies divines afin que son ishta-devata, ou un deva guérisseur, ou son âme, lui transmette les énergies qui permettront de guérir son patient.

- Enfin, la méditation est sans doute la meilleure méthode de dévotion, car elle implique une plus grande intériorisation.

Vous vous rappelez l'épisode de Krishna avec les gopis, lorsqu'il s'est éloigné d'elles afin qu'elles ressentent la séparation et qu'elles le cherchent à l'intérieur plutôt qu'à l'extérieur? C'est l'un des problèmes majeurs de la dévotion.

Si le bhakta pratique la dévotion vis-à-vis de son Maître incarné, il peut nourrir toutes sortes d'attentes par rapport à lui: attendre d'être aimé ou reconnu, par exemple. Il quêtera un regard approbatif, un mot d'encouragement ou davantage. Ce ne sera plus de la dévotion mais un amour avec attente et intérêt. Il n'y aura alors pas d'évolution possible.

Les attentes doivent être brûlées par la passion intense de la dévotion qui doit tout transmuter. Il est donc nécessaire que le bhakta pratique la dévotion par le biais de la méditation afin de pouvoir rencontrer son ishta-devata à l'intérieur.

Il ressentira la séparation et il en souffrira, mais cela lui permettra de prendre conscience de la dualité afin qu'il puisse mieux s'en détacher ensuite. On ne peut abandonner que ce que l'on connaît. On ne peut donc se détacher de la dualité pour s'unifier que si l'on a ressenti la dualité et la séparation. Et il ne suffit pas pour cela d'une connaissance intellectuelle; il faut un ressenti profond.

Lorsque le bhakta ressent profondément la séparation, il va chercher à l'intérieur de lui son ishta-devata. Il ne va penser qu'à lui à longueur de journée. Il va imaginer ce qu'il fait, à quoi il pense; il va finir par entrer en lui. Il sera dans sa tête, dans ses pensées. Peu à peu, le bhakta va devenir son ishta-devata.

> C'est le «ressenti» de la séparation, allié au feu dévorant
> de la dévotion, qui vont permettre au bhakta
> de s'unir avec son ishta devata.

La méditation peut consister en une visualisation de son ishta-devata afin d'«entrer dans sa peau». Cela peut également consister en une contemplation à partir d'une photo. L'aspirant se concentre sur la photo de son ishta-devata. Il contemple surtout ses yeux. En se focalisant sur l'œil droit, il laissera l'énergie de son Maître spirituel entrer en lui et, en se concentrant sur l'œil gauche, c'est lui qui s'abîmera dans son ishta-devata.

De plus en plus, l'aspirant bhakta va ressentir des instants de fusion avec son ishta-devata. Il va laisser son Maître spirituel entrer en lui et deviendra un instrument du divin.

Dès que son ishta-devata entrera en lui et qu'il lui apportera la paix et la joie, il «ressentira» que tous ses problèmes ont disparu. Il pourra même arriver qu'il ait l'impression de devenir son ishta-devata, jusqu'à avoir la sensation d'«être» son corps physique. Il pourra même entrer dans sa tête et penser comme lui.

À chacune de ses expériences, le bhakta se rapprochera de l'abandon de soi, même si cela lui fait encore peur. Et un jour, tout arrivera d'un coup; le bhakta s'abandonnera et se laissera totalement remplir par son ishta-devata, c'est-à-dire par l'Univers.

Alors, il sera prêt pour l'Illumination, puis pour la réalisation du Soi. L'amoureux aura rejoint son Bien-aimé. C'est une belle histoire d'amour, n'est-ce pas?

*La plus belle chose
que je puisse te révéler,
c'est que tu es une goutte d'eau
qui n'est pas séparée de l'océan.
Tu es une goutte d'eau
et je suis l'océan.
Quelle est la différence entre nous?
Juste un peu d'amour et de foi,
et la connaissance que
«JE SUIS CELA».
Viens, fais sauter tes limites.
Je t'attends
au plus profond de mon cœur
pour te recevoir
et m'unir à toi.*

Qu'il en soit ainsi.

Dévotion

Avec tout l'amour de Pierre-Uriel